前　言

人生的重大差别，来自你的选择

要是你胆敢跳过前言部分，我一定会想办法找到你，给你几个大耳刮子！我可没开玩笑。

青少年人类，晚上好！

很高兴认识你。我是乔希·西普。没错，刚刚威胁说要给你几个大耳刮子的也是我，我是认真的哦。

我一般不这么威胁人，只有在关键时刻才这么做，明白吗？扇人耳光往往能让对方注意到自己。现在，我急需你的关注！因为你的人生危在旦夕。

“抱歉，乔希，你再说一遍？”你明明听到了呀——你的人生危在旦夕。

嗨，我可没说你马上就要死了，别紧张，也别着急打急救电话。这其实是个好消息，来，听我仔细给你道来。

你要选择如何过未来的人生

要么主动去驾驭，要么袖手旁观，让别人来替你做主。你可以选择做自己想做的事情，也可以选择做别人让你做的事情。

你是谁，有哪些优势（或者劣势），这些都不重要。现在你读的这本书是从哪弄来的，我也无所谓。无论是买的、人家送的，从去世的亲戚那得来的，还是从网上下载来的，不管是什么途径，我都很高兴。你肯定要问，为什么？因为我希望你能读这本书啊。

我希望你能明白下面几件事

首先，写这本书并不是因为我很完美。

我并不知道所有问题的答案。没错，作为一个年轻小伙儿，我每天的工作就是给青少年提供意见和建议。我的工作地点很灵活，比如在中学礼堂，在电视台和广播电台，我甚至还跑到过人家院子里开导孩子。最近，我被 *Inc.* 杂志评选为全美 30 位 30 岁以下“最酷的企业家”。17 岁那年，我决定了这辈子要做什么，从那时起，我的职业生涯慢慢走向成功。现在很多国家的读者都认为我是青少年沟通领域的权威人物。不可思议吧？每天我会收到 10 万封来自青少年的电子邮件，希望我能给他们一些建议，而跟我交流过的孩子已经远远超过了 100 万。说起来真滑稽——以前上学时因为爱讲话，经常被老师赶出教室，现在听我讲话还得给钱！

我之所以能给出意见，并不是因为我什么都懂，我既不聪明，也没有 37 个博士学位，我还差得远呢。

我靠给人提意见或建议谋生，是因为我实在是笨手笨脚：四肢不协调，“路痴”一个，还不太勤快。总之，我就是一个老会犯错，经历过许多苦痛，但顺带也吸取了不少宝贵教训的家伙。

我的生身父母把我丢在医院，自己走了，所以我知道被人抛弃是什么滋味。至今我也没见过我的父母，或是任何跟我有血缘关系的人。我从一个寄养家庭辗转到另一个寄养家庭，被赶出门、被虐待、被忽视、被遗忘。我曾经非常胖，遭人欺负，我觉得我的人生一无是处，绝望到想自杀。

说这些并不是要让你难过，也不是要你同情我。相信我，这绝对不是我的风格。

说这些是想告诉你，无论你正在经历什么，无论你要面对什么，也无论你的人生是完美无缺还是糟糕透顶，你都有能力主宰你的世界。我写这本书就是要告诉你，你应该怎么做。既然我能做到，你也能。

我并不觉得我比你强，比你聪明，比你更明白。

我是个作家，是个励志演说家，但这并不意味着我的人生是完美的。我也有很糟糕的时候：我会对朋友大吼大叫，并不是做每一件事都竭尽全力，我也会感到不安，我也会迟到，有时“懒癌”上来了甚至不洗澡。

但我一直在努力做得更好。你是什么样我不知道，但我希望我的人生有意义。我不想听凭别人对我的人生指手画脚，我想做自己擅长并热爱的事，并以此挣钱谋生。我想做个幸福的人，想给别人带来影响。我想让身边的人看到自己最好的一面，我想做一个值得朋友信赖的人。这就是我想过的人生。我也想帮助你活出这样的人生。

免责声明第一条：

我是个爱自作聪明的人，而且经常想到哪儿就讲到哪儿，所以我强烈建议你在阅读本书时提前准备好“武器”——你得会在网上搜索信息。我会讲些严肃的话题，也会举一些轻松有趣的例子，如果你不了解这些例子，不妨上网查一下。虽然我们会讨论严肃的问题，但也没必要总是一本正经，你说对吧？

免责声明第二条：

我不是你爸，不是你的老师，也不是你的教练。你就把我看作你哥哥吧。虽然我并不是什么都懂，但有些想法还是很靠谱的，我可以把这些想法告诉你。我这个人讲话比较直接，比较不留情面，但我会一直支持你。在这本书里，我们可以说说笑笑，但要是你总爱发牢骚，抱怨自己为什么不能像别人那样有所作为的话……走着瞧吧，我不会“放过”你的。

免责声明第三条：

这本书你想怎么读就怎么读。不管你是多厉害的优等生还是只能识字的普通孩子，从第一页看到最后一页就行。如果你跟我一样，注意力只有五分钟的话，那你干脆想看哪一章就看哪一章吧。用你读到的内容来鞭策自己，并把它运用到你的生活中。我得提醒你一句：如果你跳过前面两个部分，直接读第三部分的话，那你肯定会一头雾水。为什么我会把你的老师叫机器人，把你的朋友叫小奶狗呢？反正你爱怎么读就怎么读，但得当心别把脑子烧坏了。

骂起人来丝毫不留情面、但永远支持你的

乔希

目 录

CONTENTS

FUNDAMENTALS OF

PART 1 ▸

关于掌控世界，你必须知道的几件事

WORLD DOMINATION

第 *1* 章

妄图掌控整个世界的人，注定要一败涂地

现实是：没有人能掌控整个世界

读者们请注意：你现在大概一头雾水。看到这一章的标题，你肯定会犯迷糊——这本书书名的意思明明是要掌控世界啊，掌控世界听起来挺不错，怎么就一定会惨败呢？这跟书名自相矛盾啊！好吧，我承认我是卖了个关子。你对这本书的期待是什么？它可不是一本正经的教科书。这样吧，我们先互相了解一下，才好进一步深入沟通。我这人说起话来单刀直入，毫不客气，但我会一直站在你身后支持你——这是我与别人的相处方式。明白了吗？好，你刚刚提出的问题是“乔希，怎么你这书一开头就跟书名自相矛盾啊？”那我来澄清一下，嗯，你说的没错。但别着急，先接着往下看……

我小时候有个卡通系列节目叫《疯狂动画》（*Animaniacs*），你可能没看过，讲的是两只转基因老鼠企图征服世界的故事。一只叫平基（Pinky），总是呆呆的；另一只叫布瑞恩（Brain），是个邪恶的天才。每一

集开头你都能听到下面这两句对话：

平基："哎，布瑞恩，今天夜里我们准备干什么？"

布瑞恩："还是老样子，平基，我们要控制全世界！"

他们确实这么做了。布瑞恩想出各种狡猾的办法，利用各种荒谬的高科技，制订了征服世界的宏伟计划，当然，平基可没少帮倒忙。

不仅仅是平基与布瑞恩，我小时候看过的每一部动画片，从《爱心熊》（*Care Bears*）、《宇宙的巨人希曼》（*Masters of the Universe*）到《变形金刚》（*Transformers*），里面都有一个反派企图征服并操控其他角色。这些动画片里的反派有冷血教授、骷髅王、威震天等。他们经常发出邪恶的、令人不寒而栗的笑声，基本上也都不缺忠实的追随者，有时还留着胡子……说到这儿，我心里可真酸，我一个男子汉脸上就是长不出胡子，唉……

我们快进到今天来看看：《哈利·波特》（*Harry Potter*）系列中有黑巫师伏地魔和食死徒威胁着人类；《暮光之城》（*Twilight*）系列中有残忍的沃尔图里家族，不断给女主角贝拉制造麻烦；这么多年过去了，霸天虎、威震天仍然决心摧毁地球和地球上的每一个人。所有这些反派人物——无论是小说中的，还是电影中的——追求的都是同样的东西：绝对的权力、完全的控制、彻底征服世界。

但是，渴望权力的坏蛋可不仅仅是虚构出来的角色。艺术来源于生活，而反派妄图征服世界正是艺术来源于生活的经典范例。你肯定不会知道，我有注意缺陷障碍，上学那会儿，我的养父母唯一能逼着我集中精神认真听的课程就是历史课，我对那些建立庞大帝国的首领的故事尤其感兴趣，比如古埃及法老、薛西斯一世，还有其他无数的帝王、军阀、军事领袖、独裁者。这么跟你说吧，真实的历史就是一部大型肥皂剧，在这部剧里，"疯子"们企图统治世界。我还发现，这些历史人物，从希特勒到拿破仑，从成吉思汗到亚历山大大帝，都有一个共同点：他们没有一个人算得上真正的成功。没错，没一个。

他们让当时的百姓颠沛流离、无家可归，当然，其中有些家伙也确实征服了大片的领土。但不管他们的军队多强大，经济多繁荣，资源多丰富，技术多先进，阴险的计划有多周全……他们永远也别想得逞，他们的帝国终有一天会分崩离析。

直到今天，也没有人征服整个世界——动画片里没有，书本里没有，电影里没有，历史书里更没有！

但坏蛋们还在白费功夫

尽管有野心勃勃的暴君们壮志未酬身先死的先例，但现在仍然有坏蛋妄想实现自己的企图，征服整个世界。古代的统治者们想要征服世界，是为了寻找不老泉、黄金这些具有神话色彩的宝藏，是为了实现终极荣耀。现在的坏蛋们贪图的是政治权力、自然资源和赤裸裸的金钱。他们每个人似乎都在寻找一种神奇的力量、一个有魔力的东西，好控制其他所有人，让他们在征服世界的竞争中夺得先机。

幸运的是，绝大多数自私冷血且极具破坏力的个人不会成为国家的统治者、军队的指挥官。但你得明白，想要控制别人的生活，根本用不着一支军队，用不着多先进的科技。

潜在的坏蛋们每天都在想着如何才能控制别人的世界，这不仅仅关乎国家安全，也不仅仅是恐怖主义的威胁。想想下面的情况：

你的世界此时正遭到坏蛋的攻击，他们全副武装，向你冲过来。

我可不是在开玩笑！你的生活中确实有些坏蛋，会通过操控、被动攻击、心理战、武力等方式来控制你，以满足自己的利益需求。

你清楚地听到我在说什么了吧？坏蛋真实存在，他们正一步一步向你逼近，你要是不相信，那这本书对你来说一点意义都没有。

事实上，我们中间也许就有坏家伙，我可不敢保证读这本书的都是好人。你是坏蛋吗？是不是？嘿，说你呢，别把眼睛从这儿挪开——我可不是在开玩笑。你是不是拿起了一本名叫《驾驭你的青春期》的书？！实际上，你确实可能是一个为了自己的利益而试图掌控别人世界的坏蛋。不过说真的，这也不能全怪你：征服世界是挺吸引人的，不是吗？哪怕像我这样人格高尚的好人听了都有点动心。

让别人依照我们的想法做事，听起来似乎还不错，不是吗？但控制别人一点也不好，这么做很糟糕，要是你的祖母知道你这样做，她一定会为你感到羞耻。

人们想要统治世界的计划谈不上是什么宏图大略，实际上往往是出于卑劣的动机。比如，我们想得到某样东西，却又不愿意公平竞争；我们觉得自己也许没能力得到自己想要的东西，于是干脆把其他人推倒在地；我们觉得自己不够强大，于是就控制比我们弱小的人，拿破仑和希特勒不就是这么干的吗？

划重点：

帝王将相永远征服不了世界，因为他们的动机是卑劣的，毫无疑问，他们的做法会伤害到其他人。

我们应该认识到，征服世界并不是什么丰功伟绩。我们应该开始一场新的战斗，设定一个新的目标——征服一个小国家，征服班上所有同学并不是什么光荣的事——我们不应该烦扰别人，而应该专注于一些真正可行的事！

那是一个更大、更重要的挑战，长久以来，我们都忽视了它。**懦夫只会控制别人的生活，英雄才敢面对最艰难的挑战：掌控自己的世界。**

事实证明，历史上的坏蛋们不仅仅邪恶、疯狂，还是懦夫。他们没有勇气去迎接挑战，去掌控自己的世界。相反，他们只会通过卑鄙的手段控制他人，相比之下，掌控自己的生活简直难如登天。

事实上，大多数人都做不到。他们屈服了，放弃了，他们口口声声说自己很有兴趣，可一遇到困难，就开始打退堂鼓。为什么？因为任何值得我们付出时间和努力的事情都很困难。想想看，你生命中那些具有里程碑意义的事情，容易吗？当然不容易。值得吗？当然值得。掌控自己的世界也是如此。相信我。

我的问题是，你愿意掌控自己的世界吗？

如果你的回答是否定的，那你不如现在就合上这本书，然后给自己买一堆棒棒糖；因为你就是这样的人，你选择的也就是这样的生活方式。对了，希望你能喜欢你买的棒棒糖的口味。

如果你是少数人中的一个，你是一个英雄——一个真正的革命者，一个内心具有反叛精神的人——那么是时候行动起来了，是时候努力去掌控你自己的世界了。

那是我们努力的方向，那是我们要去的地方。

有谁愿意跟我一起吗？不愿意的话，那就继续舔你的棒棒糖吧。愿意的话，请翻到下一页。

游戏正式开始。

第2章

掌控自己的世界，
否则会有人替你代劳

重新定义“掌控世界”

你愿意掌控自己的世界吗？你觉得你有这个能力吗？很好，我们开始吧。

首先，我们得给“掌控世界”重新下一个定义。因为从来没有人能真正地掌控全世界，而那些仍然“贼心不死”的人通常是出于卑劣、自私的动机，他们自卑又贪婪。所以我想到了一个更好的计划。企图掌控全世界、控制他人，这不仅浪费时间，也会玷污人的灵魂，与其这么做，还不如把目光转向自我征服。掌控自己的世界！

没错，就是这样。你的兄弟、父母或朋友想做什么，你是无法控制的，所以停止做蠢事吧。你只能控制一个人，那就是你自己。

以下是掌控自己世界的秘诀

其实根本没什么秘诀。

“嗨，乔希，”你也许会这么想，“这本书真是烂透了。你吹嘘你可以让我的生活变得更好，可现在你又说没有秘诀。你这不是污辱我的智商吗？”

听我说，冷静点。我没想让你难过，我只是实话实说。我也想告诉你秘诀，可本来就没什么秘诀嘛。要是别人说他有秘诀能教会你如何掌控自己的世界，那他一定是在骗你。

掌控自己的世界只有一个办法：你必须主动选择怎么做，主动选择主宰你的世界。

你想获得成功吗？希望自己很棒吗？想要带着自信、带着目标去生活吗？想成为那种让大家尊重、敬仰的人吗？假如你希望自己的生活充满意义，你能对别人有所帮助；假如你希望当你年老体衰，回首一生的时候能说出“我走过了精彩的一生，我非常满意！”这样的话，那么听好了：

选择掌控自己的世界，意味着你无时无刻不在做决定，每天都如此。

这种决定不是一劳永逸的，而是在每一次对话、每一刻的生活中，你都要做决定。如果你不去掌控自己的世界，别人就会对你发号施令。危机会控制你，其他人的期望会控制你，坏蛋、你的过去、你的恐惧、糟糕的关系，有太多人或东西想要控制你。

如果你不承担责任、采取行动，那你就输了，没有什么秘诀能让情况变好。

所以，我给“掌控世界”下了一个新的定义。

重要的不是掌控世界，重要的是敢于选择去掌控自己的世界。

掌控自己的世界并不是说你必须比其他人更好，也不是说你只能做一个踩着别人脑袋往上爬的混蛋，你只要做最好的自己。

假如你愿意听，我会告诉你如何才能做一个了不起的人。

也许我有点心急……

想要做一个了不起的人，你必须面对的困难是：它不是一朝一夕之功。

想要掌控自己的世界，你必须付出大量努力。

也许你觉得自己有更重要的事情要考虑——永远做不完的家庭作业，手机里太多没来得及回复的重要信息。也许你并不想做一个了不起的人，不想掌控自己的世界。也许你对目前这种平淡无奇、无聊乏味的生活非常满意。

也许你觉得自己能活下来已经很不容易，你的压力太大了，每天忙得焦头烂额，感到难过和绝望。就像是你离鲨鱼出没的水域只有几英里远，你拼尽全力也只不过能勉强把头露出水面。

也许你只是害怕，或者懒惰。

别这样。听着，我告诉你：做一个了不起的人，掌控自己的世界，从现实的任何方面来看，都不容易。别哼哼唧唧了——这确实是个巨大的挑战，但并非不可能。你能做到，事实上，无论是谁，只要肯努力，都能做到。

想想看：

很多摇滚乐队最开始都是在车库里排练。

天才们泡在图书馆、实验室，形单影只，埋头用功。

世界一流的运动员要长年累月地训练。

别人眼中的蠢主意，创业者们却愿意为之倾尽全力。

改变世界的人向固有的体制发起挑战，往往会招来怨恨。

慈爱的母亲不计较回报。

你最钦佩的人，你最想成为的人，每天都在做决定。

你和他们有什么不同？他们每天都在选择成为一个了不起的人，不惜一切代价。

你会那样选择吗？

如果你不主宰自己的世界，别人就会替你代劳

情况是这样的：你的人生一定是由某个人所写就，它要么是一本自传，要么是一本传记；也就是说，你要么自己写，要么别人替你代劳。假如你只想坐在副驾驶的位置上兜兜风，那也没关系；但你得知道，把握这辆车方向盘的人，不是你。如果是这样，我相信，你的祖母一定会对你非常失望。

这么说吧，想要掌控自己的世界，你必须做出选择，每天都要做选择，无论你是否意识到了这一点。你有两个选择：掌控自己的世界，或者放弃。

“等等！”从你大脑的某个角落传来一个声音，“还有第三种选择——我能不能等会儿再做选择？晚一点掌控自己的世界不行吗？等我再长大些。”

我其实并不想戳穿你，但第三种选择只是个借口。举个例子：你最好的朋友的爸爸，给她买了她最喜欢的乐队，也是你最喜欢的乐队的演出门票，想给她一个惊喜，演出就在明天晚上。她还多出一张票，可以邀请朋友一起去。毫无疑问，她邀请了你。你有两种选择：去或不去。哦，不

对，是三种选择，你还可以说“嗯……让我想想”“下次吧”。但实际上，24小时过后，“下次吧”这个答复就相当于“不去”——因为演出并不会因为你的缺席而取消，最后那个朋友和别人一起观看了演出。你错过了机会，只能一个人在家里抹眼泪。你知道，如果你去了，那一定是个非常美好的夜晚。

我的观点是：在生活中，如果你不做决定，那就等于没有选择权。选择不做出选择也是一种选择，就跟其他选择一样，只不过是一种脆弱的、被动的选择。最后你只能随波逐流。

不管你是否愿意，你的机会一直在变少，如果你不夺取对自己世界的所有权，那你只能看着别人去上名校，看着别人获得奖学金，看着别人得到好工作的面试机会，看着别人嫁给你的梦中情人，或是娶走你的梦中女孩。最终，你会漫无目的、毫无方向、浑浑噩噩地了此一生，甚至都没钱买汽车保险。

你只是个碌碌无为的平庸之人，迷失在人群中，被坏蛋所掌控。

看过《狗语者》(*Dog Whisperer*)吗？节目主持人西萨·米兰(Cesar Milan)，能让所有狗狗都乖乖听话。很多人去找他，因为他们被自己的宠物所折磨，这些狗反过来成了他们的主人。它们是世界上最疯狂、最讨厌、最暴躁的狗，西萨会告诉这些主人，如何才能控制住它们。他所传授的方法像是有魔力一样，西萨真可以称得上驯狗大师。他的秘诀很简单：做狗的头领。狗是群居动物，它们会把人看作是群体的一部分。每个群体都有一个头领，如果你不站出来以头领的身份出现，你的狗就会默认自己是头领。一旦狗认定自己是头领，那它就会为所欲为：咬鞋、咬人、在地毯上大便，你睡觉的时候跳到你身上。你压根儿就不用告诉狗狗“这儿你是头领”，只要你不做头领，它自然就认为自己是老大。也就是说，如果你不掌控自己的世界，那狗就会替你代劳。相信我，被狗折磨的日子肯定不好过，想都不用想。

如果你不承担起主宰自己世界的责任，抵御住坏蛋们的进攻，那他们已经赢了。

事实上，我知道，你的世界已经遭到了攻击。也许你现在就能说出几个人的名字，他们能把你气到意识模糊，或者能把你吓得屁滚尿流。他们用不可告人的精神控制法来操纵你的世界，他们可能是你的父母、老师、朋友或教练。他们仍然相信征服世界是可能的，是有利可图的，他们正在掌控你的世界。

你为什么允许他们这么做？为什么不让我教你如何掌控自己的世界呢？记住：如果你不能主宰自己的生活，别人就会替你代劳。你越是能早点意识到这一点，就越是能尽早开始选择自己的道路，成为你想成为的人。

无论你愿不愿意，你都在讲一个故事，而且你有两种选择：讲一个精彩的故事，还是一个蹩脚的故事。

与此同时，还有一些人，比如那些爱欺负人的家伙、差劲的朋友，还有窝囊废们，总想越俎代庖，替你去讲这个故事。千万别让他们得逞。

你必须主宰自己的世界，讲述一个精彩的人生故事，自己做决定……否则你最终只会怨天尤人，浑身上下散发着戾气，为自己悲伤，令人失望地度过郁郁寡欢、满心愤恨的一生。

想要掌控自己的世界并不容易。大多数人都想掌控自己的世界，但只有少数人愿意付出努力，并真正做到这一点。这件事离不开你的努力！

第 3 章

呼唤英雄，成为主宰自己世界的人

现在，你可能以为我疯了，你右手指向天空说："乔希，我的人生前程似锦，我的探索之旅一片坦途。我并没有发现邪恶的黑巫师、狡猾的幕后黑手想要控制我的命运啊。没人能控制我。我是我自己的老大。"

你真的这么想吗？那你真是太天真、太可爱了。我看你是对自己的生活漠不关心，这很危险。别浪费时间了，我看你不如把这本书送给朋友得了。为什么？因为我认识的 99.9% 的人，包括我自己，都觉得自己可以变得更好。

天啊，怎么你的眼睛在冒火？！

算了，我是有点夸大其词。你不用这样气急败坏——快！别拿灭火器对着自己的眼睛，你这样会把自己弄瞎的。嗨！我只是想吸引你的注意力而已。如果你觉得自己的小日子过得挺舒服惬意的话，我想告诉你几条坏消息。

如果你感受不到威胁，那说明你已经被打败了

坏蛋是这样的：他们总是会给人构成威胁。优秀的家伙能注意到坏蛋，能坚持不懈地与他们斗争。如果你的世界没有受到威胁，那只能有三种解释：

1. 你很坏。这说明其实你也是个坏蛋，而不是英雄。有时坏蛋也会"同室操戈"，因为他们非常好斗，但多数情况下，他们会联合起来，围坐在一张大桌子旁，密谋除掉那些英雄。如果你感觉自己没受到坏蛋的威胁，那很有可能因为你自己就是个坏蛋。你感觉不到威胁，因为你就是威胁。我也很不情愿这么说，可我必须说。如果你确实是个坏蛋，那说明你也是个懦夫。为什么不停止对别人的控制，去掌控自己的生活呢？

2. 你看不见。多数人都不知道如何去识别坏蛋。坏蛋一般都不敢明目张胆地做坏事，在人群中也看不出有什么不同。跟电影里的坏蛋不同，他们并不会穿连帽黑色长袍，也不会留让人显得阴险的胡须。也就是说，你感觉不到威胁是因为你看不到威胁。在你眼里，你周围的坏蛋跟其他人并无不同，看起来友善、可信。

3. 你被打败了。坏蛋不会把时间浪费在已经被打败的人身上，所以，你感觉不到威胁是因为你已经被打败了。坏蛋不会欺负那些对自己来说没有价值的人。如果你的目标是住在父母家的地下室直到 40 岁，每天靠垃圾食品度日，那么对坏蛋来说，你根本就构不成威胁。

好了，丧气话说完了，现在我们来看看失望中的一线希望：如果你感受到了威胁，觉察到有坏蛋想要打倒你，这实际上是个好兆头，说明你有机会变身为一名勇士！来，我们击下掌！

那么，现在该怎么办？你知道有坏蛋企图主宰你的世界，你正受到攻

击。一个涉世未深的年轻人能怎么办呢？你多观察观察周围的世界，就会发现……

普通人看到坏蛋就跑

普通人的想法是得过且过。他们不想惹麻烦，也不想引起太多注意，他们只想要快乐，想要没人来烦自己。所以，当坏蛋出现时，普通人会怎么做呢？

跑。找个地方躲起来，装晕，手忙脚乱，像小孩一样哭哭啼啼。也许，只是也许，他们会鼓起勇气，像沙鼠一样一边翻滚一边吱吱乱叫，闭上眼睛等死。实话实说吧，普通人很像《侏罗纪公园》（*Jurassic Park*）第一部里的那个娘娘腔，看到苗头不对就吓得把孩子丢在吉普车里，慌慌张张地往外跑，只担心自己的性命。不出所料，很快他就成了电影中第一个挂掉的人——在厕所旁边被霸王龙吃掉，真可悲。

普通人被逼到绝境会怎么办？要是坏蛋发现了他们所谓的藏身之处，发现他们躲在桌子底下哀号，他们索性就举手投降：“你想掌控我的世界吗？可以！都随你好了，别杀我。”

你想过清净、安逸的生活吗？那不如直接向坏蛋们投降吧。要是你不给他们添麻烦，老老实实、规规矩矩的，他们就会放过你。你得跟他们同流合污：全盘接受他们的观点，按照他们期待的方式生活，永远不要质疑权威，对他们百依百顺。

如果你觉得这种生活听起来不错，那也没什么可难过的。毕竟，大多数人过的都是这种生活。你跟他们一样，也能完全融入坏蛋们的生活，这样你还能跟其他缴械投降的人一起玩耍。虽然你被坏蛋所支配，但你会觉得安稳、舒适，就像沙鼠一样。

所以，如果你真正渴望的是轻松、安稳、舒适，那么，掌控自己的世界这一选择并不适合你。去吧，也别读什么书了，赶紧去适应被别人控制的生活吧。

但你得知道——

英雄会奋起抗争

你还没走吗？太好了！咱们也别藏着掖着，实话实说吧，生活对于英雄而言是艰难的。他们经常被攻击、被误解，他们不仅得不到应有的名誉，还会被人冤枉是个爱惹麻烦的人。可如果没有他们，世界将陷入黑暗。

世界需要英雄。

你的世界需要一个英雄。如果你不是英雄，那你的世界则毫无胜算。

召唤你内心的英雄吧！只有英雄能看到坏蛋、抵制住诱惑，并奋起抗争。

英雄是保护者、守卫者、榜样和斗士。但他们也不过是普通人，可他们又有别于普通人，因为他们以完全不同的方式面对挑战。当他们的世界遭到攻击，形势对他们不利时，他们不会像大多数人那样抱头鼠窜、缴械投降，他们勇往直前，甚至愿意牺牲自己来保护别人。

坏蛋憎恨英雄。英雄不会无声无息地死去，不会让坏蛋统治世界。如果你想从坏蛋手中夺回你的生活，主宰自己的世界，你必须学着做一名英雄。当你成为一名英雄，坏蛋只会不寒而栗。

但我要提醒你：并不是穿上紧身服你就能成为英雄，就能号称“坏蛋杀手”，你必须满足一定的条件，还得遵守规则。

第 4 章

英雄信条及如何遵守

坏蛋们正企图掌控你的世界，只有英雄才能阻止他们。

所以，现在的问题是，你会成为那个英雄吗？

我知道你们有些人觉得自己不是做英雄的那块料。你得知道，你不可能一夜之间就变成英雄。好吧，你也许会被转基因蜘蛛咬伤，一觉醒来发现自己有了超能力；但即便如此，你也得花点时间去搞清楚如何控制自己的超能力，怎样才能不滥用超能力。英雄也要训练，想想看，哈利·波特在去霍格沃茨魔法学校前，只是个额头上有块疤、个头矮小又不怎么合群的可怜孩子，住在姨妈家的楼梯间里；蝙蝠侠一开始不过是个想要为父母复仇的富家子弟；《星球大战》（*Star Wars*）中的卢克·天行者起初只是个辛苦的农场男孩；钢铁侠原本是一个以自我为中心的坏家伙；《独领风骚》（*Clueless*）中的苔在变成有一颗金子般内心的好女孩之前十分无知；《魔戒》（*The Lord of the Rings*）中的弗罗多，天哪，他真是个普通得不能再普通的霍比特人，你肯定无法想象，一个只有三英尺高、成天光着脚、无忧无虑、单纯天真的小矮人，突然就能鼓起勇气，挺身而出，挑战魔多的黑暗魔君。

英雄不是天生的，英雄是被造就的，而这往往是一个自我发现、自我牺牲的过程。

要想成为英雄，必须满足下面这些条件：

英雄知道自己是谁

英雄能自己定义自己，拥有自己的身份。他们知道自己的优点与弱点，知道自己的好恶，知道自己热爱什么，目标是什么。

人们往往更清楚自己不喜欢或不擅长的东西。那我们不妨就从这里开始。比如说我吧，我不喜欢琐碎的细节，是个路痴，在家附近都能迷路。在人多的场合我通常会如鱼得水，但只跟一个人相处时我会有点害羞。我喜欢跟人在一起，可如果在人群中待得太久，以至于没时间给自己“充电”的话，那我宁愿一个人待会儿。

我曾经以为那些我不擅长的事就是我的弱点，是我需要改变的地方。我以为只要“埋头努力，再努力”，就能有所改变。但事实并非如此，它们其实也是我的一部分。

我的优点和缺点造就了我，这就是我，而你的优点和缺点也造就了独一无二的你。

当你拥抱这一切，不再欺骗自己时，你就会更强大，因为你不会因为自己的缺点而着急上火。想要成为一个英雄，你必须为自己本来的样子感到骄傲，知道自己很强大。没有人会一直觉得自己强大，你也一样，但你确实拥有其他人没有的天赋和兴趣。你不妨把它们看作是你的超能力，这对你很有帮助。

搞清楚你是谁，这听起来容易做起来难，这是一个持续的过程。不过别担心，我会告诉你办法，你会拥有自己的身份，这样当有坏蛋像鼻涕虫一样黏着你、嘲笑你，质问“你以为你是谁呀？”的时候，你就能确切地告诉他们你是谁，然后叫他们闭嘴。

英雄相信自己具备能力

想要掌控自己的世界，你得自信。自信不是傲慢和自负，自信来源于你知道自己是谁。事实上，那些傲慢自大的人多半是懦夫，自大其实是在补偿自卑。自信并不是说你得知道关于生活的所有答案，因为你永远不可能做到这一点，没人能做到。自信的人敢于直面挑战，知道当硝烟散尽时，一切都会过去。自信的人愿意挺身而出，去捍卫他所相信的正确的事，去做对自己而言最好的事，而不是向恐惧低头，他们拥有内心的平静。

嗯，下面要说到……

本人的脆弱时刻：很多人以为我一直都很自信。“嘿，乔希，这对你来说当然容易，你看你，多有魅力，成天在电视上面对很多观众一本正经地胡说八道。你看你的发型，一看就是专门做过的。”好吧，关于发型，他们说的没错。可谈到自信，他们就大错特错了。说实话，我这辈子有一半时间都紧张得要死，害怕得要命，跟你一样吧？我脑袋里常常会蹦出这样的念头：“他们一定是找错人了，干吗找我呀？我肯定做不来。”“这可是职业棒球大联盟，根本不是我待的地方。”“我不够好，不够聪明，也不够幽默。”

那我是怎么解决的呢？我的办法是“把自己当成长官”。你知道的，长官基本上是想干什么就干什么，他们走起路来昂首阔步，好像整个地盘儿都是他们的一样。他们超级自信，不怒自威；所以没人会质疑他们，没人会问：“他以为他是谁呀？谁让他进来的？”他是长官，就算真有人问，他也会回答：“你说什么？我可是这里的长官！”

我上高中时曾参与过管理工作，那会儿我太年轻，也没什么经验，后来我意识到：如果你走进某个房间或出席某个场合时能表现出十足的自信，表现得好像你就应该在那儿，就没人会质疑你。可如果你犹豫退缩，哪怕只是一秒钟……一切就全完了。跳舞也是这样，自信有时比舞技更重要。关键是要做好心理准备。我发现，一个人只有自信，状态才最好，哪怕你实际上内心很慌张。

所以，你绝对不能犯傻，有问题就问，需要帮助就张口。太骄傲以至于不愿意承认自己的错误，不愿意向他人请教，那不是自信；自以为什么都懂，什么都要自己做，那也不是自信。相信自己有能力做好一件事，这才是自信。

在最开始的尝试中，你会害怕，但多试几次，情况就会好一些。总有一天，自信会找上你。但如果你第一天上班就惊慌失措地告诉别人，你压根儿不知道自己在做什么，那很可能下次就没人愿意给你机会了。有些人会告诉你：“你得假装自己可以呀，久而久之你就真的可以了。”我不赞成这个说法。我认为假装没用，还是要相信自己。你要知道，你有足够的能力。

你还应该知道——

英雄知道自己不完美

给大家讲了那么多我对自信的理解，你也许会觉得这个标题放在这里不合适，但事实并非如此。自信不是觉得自己完美，这是我很早就明白的一个道理，自信意味着你有自嘲的勇气。

要坦诚地面对你的弱点、错误和失败，因为你百分之百会犯错，其他人也一样。如果你因为觉得丢脸而逃避，或者假装你压根儿就没有做错事，又或者把你的错误推到别人头上，那一定会有人反对你这样做。

好啦，现在听我讲个故事。

很久以前，我要在一群老师面前作一个非常重要的演讲。我当时紧张极了，主要有两个原因：一是这个演讲非常重要，而我觉得自己跟成年人没什么可说的，毕竟，他们比我大那么多；二是我以为他们坐在那儿脑子里一直想的可能是，“这个小混混能讲出些什么好东西？”

总之，还有五分钟我就要上台了。我最后去了一趟厕所，就在我搓手搓得正起劲时，水槽里的水不小心溅出来了，刚好溅在了我的裆部。哇，这下有好戏看了！我看起来就像刚尿过裤子一样。没办法，我慌慌张张地想用干手机把水渍吹干，但演讲马上就要开始了。我原本是把衬衫塞在裤子里的，现在把衬衫拉出来，可也盖不住那块深色水渍。

当时我有两个选择。

选择 1：不承认它。可其他人一定会注意到水渍，这会分散他们的注意力。

选择 2：承认它。自嘲一番，把这个难言之隐说出来，然后该干什么就干什么。

我用下面这段话开始了我的演讲，“今晚我很高兴能来到这里。嗨，我发现每个人演讲都这么开头，不过只有我用行动证实了我没说假话，你们看，我兴奋得都尿裤子了。大家可别笑话我呀！”

听众们都笑了，他们不再在意那块刺眼的水渍，而是专心听我演讲。自信的人在遭遇难堪或失败时，总能爽快地承认。如果你乐意谈论自己的缺点和失败，别人就没办法利用它们来打击你；如果你能开诚布公地面对你不擅长的事，大多数人都会因为你的诚实而卸下防备。当然，如果你总是抱怨自己每一件事都做不好，别人会觉得你是个完全没有魅力的人，会觉得你像个“僵尸”（见第 11 章）；但如果你能幽默一些，能对自己的缺点付之一笑，你就能得到别人的尊重。

建立自信的主要方法是让自己置身于新的环境，不断学习。如果你整天躲在地下室里，那你会觉得这个世界非常之大、非常刺眼、非常可怕。就算你的父母最后把你赶出地下室，逼着你走出去，你也很容易被太阳灼伤。走出去，你才会变得更强大。每个人都有自我怀疑的时候，这没关系——自信就是要认识到这个事实，然后无论多困难，也要坚持下去。

英雄会挺身而出

在一个充斥着坏蛋的世界里，英雄会挺身而出，说：“放马过来吧。”仅仅知道自己是谁，对自己的立场、目标有信心还不够。你不能光说不练，不能只是嘴上说说要做一个英雄、要主宰自己的世界。你终归得进入到“战斗模式”。

现在，听好了，因为这非常关键：英雄才不屑于耍手段。

英雄会遵守“英雄信条”的规则

什么规则？你肯定要问。

小子们，规则有很多，但总体可以分为两方面。英雄心中有强烈的道德准则约束并引导他们。这种道德准则——决心只用自己的力量把事情做好，正是英雄和坏蛋的区别。我们称这些准则为“英雄信条”。就算你不看这本书的其他内容，也请你记住这两条准则，在你学着主宰自己世界的征程中，它们能给予你帮助。

1. 没有人有权利掌控你的世界。

2. 你也没有权利掌控别人的世界。

下面我们就来仔细看看这两条规则。

1. 没有人有权利掌控你的世界

请注意：仍然有人有这个企图，这种人我们称之为“坏蛋”。

你可以把主宰自己世界的权利拱手让给别人，但只有懦夫、没主心骨的庸俗之人、无趣之人才会那么做，你跟他们可不一样。

作为一名英雄，你不会，也不能容忍别人试图控制你的世界和你的生活。坐在汽车驾驶座上的人是你，写故事的人也是你，不是其他人。

英雄相信，最终没有人能对他的生活指手画脚，告诉他该做什么，该如何生活。那么英雄是否愿意听取别人的忠告，是否要看红绿灯？当然——有些规则在任何情况下适用于所有人，谁也不能绕过它们，比如，法律。但是，英雄不会不加思索地全盘接受别人的意见，盲目地走别人为他们预先铺好的路。他们会深思熟虑、设定目标、做出自己的决定。

你也许会想，这有什么难的。可事实并非如你所想。你经历得越多，你需要面对的别人对你的期望就越多。有些期望是好的，比如期望你能独立生活，远离犯罪。有些则是不好的，比如期望你借很多钱买房子，然后在接下来的 30 年里埋头苦干一份你讨厌的、没有灵魂的工作；或者总是在商家的蛊惑下，去买所谓的当季“必备款”，比如 150 美元的蝙蝠侠复古内衣。你得学会分辨好的期望和坏的期望，并采取相应的行动。

有些坏蛋的攻击非常真实，非常具有针对性；而有些坏蛋则不那么锋芒毕露，他们会用期望给你制造压力，来进行攻击。这两种方式都是在试图掌控你的世界。你要做的就是识破他们的阴谋，奋起抗争。

2. 你也没有权利掌控别人的世界

如果你打算捍卫第一条规则，为自己的权利而战，选择自己的道路，不受坏蛋控制，过自己的生活，那你必须给他人同样的自由。试图控制别人的人永远成不了真正的英雄。主宰他人生活的人全都是坏蛋。如果你打算像个坏蛋那样生活，伤害别人，那么当更厉害的坏蛋出现把你打倒在地时，你也不要觉得沮丧。

那么问题来了，当不按规则出牌的坏蛋试图掌控你的世界时，你没有能力反击，你不能用邪恶的手段来对抗邪恶，那样你也会变得邪恶。借用那位满脸皱纹、英明睿智的绝地大师的话，“一旦堕入黑暗，你的命运将永远被它主宰。”

所以，千万别那么做。

主宰自己的世界不是让你和整个世界对抗，这不是比赛。你大可不必为了让自己变强大，为了能掌控自己的世界而压制别人，你又不是黑帮老大。事实上，掌控自己的世界是为了让自己变得更自信，更能接纳自己，接纳自己的信念，这样谁也威胁不到你。也就是说，你还有足够的精力来帮助别人主宰他们的世界。

同时，我要警告你，遵守规则需要勇气。掌控自己的世界不是一件简单的事。它离不开你的努力，而且你一定会遇到重重阻力，准备好迎接坏蛋们吧。

HOW TO DOMINATE

PART 2 ▶

如何打败想掌控你人生的七大“坏蛋”

YOUR VILLAINS

第5章

知己知彼，
了解你的“敌人”

准备战斗吧，少年。

公元前6世纪，在古老的中国有一位才华横溢的军事领袖，名叫孙武。他史无前例地提出了很多军事战略，在《孙子兵法》一书中，他阐述了诸多见解，从间谍战术到如何部署、指挥战役。虽然孙武生活在2500多年前的中国，但他确实很厉害。《孙子兵法》被认为是最有影响力的书籍之一，千百年来，它启发了无数领袖，从拿破仑到今天的企业首席执行官。

遗憾的是，《孙子兵法》虽然是一部杰出的军事著作，但它却破坏了“英雄信条”的第二条，因为它企图掌控别人的世界。

不过，如果你决定做一个英雄，决定掌控自己的世界，《孙子兵法》里仍然有一些策略可供你借鉴。想要掌控自己的世界，你必须克服障碍。其中有些障碍，比如避免不好的记忆或经历对自己产生影响，努力在升学考试中考出不错的成绩，它们只是客观存在的挑战，不是吗？它们既没有感情，也没有思想。

而有些障碍则伪装成人，比如不相信或不支持你的人，主动阻止你实现目标的人，或者阻止你按照自己的方式生活的人。

无论你面对的是怎样的对手，第一步你都应该遵从《孙子兵法》中战争的基本规则：

了解敌人

孙武是这么阐述的：

☆知彼知己，百战不殆。

☆不知彼而知己，一胜一负。

☆不知彼不知己，每战必殆。

孙武真是个天才！现在我们来仔细分析一下。在前面的章节，我们谈到了自信很重要，相信自己能成为英雄也很重要。如果你不了解自己，不了解自己的能力，那么按照孙武的理论，你面对的每一次冲突都是危险的，你的敌人会把你打败。我认为他说得很对。

只有自信并不足以成功，如果你只了解自己，你可能赢，也可能输。

然而，如果你了解自己和自己的局限，同时也了解你的对手，了解他们所用的伎俩和招数，那你就能占据上风。

下面，我们先来听点糟心的信息醒醒脑：

你的床底下就有个怪物

也许不是怪物，而是坏蛋，他们潜伏在你家里、学校里、运动队或朋友中。电视里有、网络上有，甚至你自己的脑袋里也有。是的，坏蛋不仅真实存在，而且他们正准备来抓你！

在深入讨论之前，我想我们应该先给“坏蛋”下个大概的定义。在你努力掌控自己世界的过程中，坏蛋会以不同的形式出现。他们会以念头、想法、人或者情境的形式出现。他们也许是被动、无意识地发起攻击，也许是有意攻击。不管怎样，你都可以用下面这个简单的方法来识别坏蛋。

只要试图剥夺你、摧毁你、控制你或阻挠你过上有意义的生活的人或念头，都是坏蛋。这是所有坏蛋的共同点。

要想真正了解你的敌人，你不仅得辨认出他们。

你还得了解他们的想法

你得了解他们为什么要这么做。

说起来容易做起来难。尽管现在每个人都可以通过社交媒体、互联网和不离身的智能手机与他人联系，尽管你每天可能要处理成千上万的碎片信息，可你却从未听到过反对的观点。结果就是，我们会以非黑即白的方式去看待这个世界：我们是好人，任何有不同意见的人都是坏人，道理就是这么简单。

但事实并非如此。仅仅知道敌人与你的立场不同，这并不够，你必须花时间去了解他们为什么会形成这样的立场。坏蛋们都有他们的故事，他们之所以是现在的样子，是由他们的成长环境、他们的父母、他们过去的经历、他们对自己和这个世界的信念所决定的。

你需要了解他们的过去，因为这能帮助你遵循英雄信条。首先，了解坏蛋可以帮助你更好地防御，防止他们掌控你的世界。其次，它能提醒你，不要试图去掌控他们的世界。

你应该去了解他们，然后你会发现：

1. 我们每个人的心中都住着一个小坏蛋。

2. 每个坏蛋的心中都有那么一点善。

我来解释一下。事实上，我们所有人都难免会有表现得像个坏蛋的时候。我们也会伤害别人的感情；朋友需要帮助时，我们有时也会袖手旁观；看到视频网站上无辜的人掉进窨井受伤的视频，我们也会麻木不仁地大笑；我们有时会表现得自私冷血，恣意践踏别人的感情。没一个人能例外。你亲爱的奶奶、你最好的朋友——几乎每个人都有“恶毒”的时候。然而，仅仅因为某个人表现得像个坏蛋，并不能断定他就是个坏蛋。有时候，他们认为自己是出于好意，这也是“机器人”最常见的问题（见第 9 章）。有时候哪怕是你所爱、所信任的人的言语举动，也不一定会时刻考虑到你的最佳利益。

不过也有好消息：你可以帮助坏蛋改邪归正。

《星球大战》里的达斯·维达就是个很好的例子。在《星球大战》三部曲 99% 的时间里，达斯·维达都可以称得上电影史上最邪恶的毁灭性力量。但他的儿子卢克·天行者坚信父亲有善的一面，坚信自己能把父亲从黑暗的一面拉回来。卢克一直坚持到最后，但他似乎错了。可就在关键的一刻，达斯·维达杀死了皇帝，放弃了原力黑暗面，为拯救卢克牺牲了自己。

说到底，达斯·维达心里还是善良的。他是一个好人，但他让坏蛋掌控了他的世界，被邪恶的力量所吸引并做出了错误的决定。有那么一段时间，他的动机纯粹是邪恶的，而且他确实做了一些非常坏的事情。不过我认为，对每个人都应该抱有希望。

如果我们能换位思考，能从他们的角度去看世界，我们不仅仅能赢得胜利，也许还能把坏蛋变成强大的盟友。

在现实生活中，坏蛋们做坏事并不是因为他们想当坏蛋，他们也不想穿着黑色的幽灵服，发出令人毛骨悚然的叫声，毁掉无辜孩子的幸福。他们并不是故意使坏，他们可能被贪婪、自私或错误的信念所驱使，但他们终归也是人，他们和我们一样，有着同样的需求和情感。

通常情况下，英雄与坏蛋的唯一区别就在于，英雄用他非凡的力量去帮助别人，而坏蛋用他的力量来满足自己的私欲。

最近，我委托“乔希知识研究所”（其实就是我自己啦）对历史上的坏蛋和现在的坏蛋进行了研究，结果有一项惊人的发现……

你的生活和七个坏蛋

你可以把自己想象成白雪公主，坏蛋就是七个小矮人，他们一心想毁掉你的生活。

我发现，无论过去还是现在的坏蛋，都可以分为七类：幽灵、忍者、海盗、机器人、吸血鬼、僵尸和小奶狗。

我先简单概括一下：幽灵的出现是为了激起你的恐惧，阻止你成为英雄。忍者看起来没什么恶意，但暗地里却有不可告人的企图；海盗则比较直接，他们会赤裸裸地利用你为自己谋利；机器人尽管有时是出于好意，却会用他们的程序控制你，给你洗脑；吸血鬼看起来完美无缺，但他们会让你放弃真实的自我，然后摧毁你；僵尸会用悲观和消极的思维把你拖垮；小奶狗，嗯，他们挺好……但一不小心，就会出其不意给你一击，造成严重的长期后果。

这就是你要面对的。

如果你想掌控自己的世界，就必须学会控制这七个坏蛋。准备好了吗？我们来一个一个地对付！

第 6 章

甩掉头脑中的“幽灵”
——如何摆脱负面心理的影响

幽灵可能是你要面对的坏蛋中最危险的一个，而且他们往往最难辨认，因为他们就在你的头脑里。他们会跟几乎所有其他坏蛋联手，如果你能驾驭住幽灵，那么其他坏蛋的威力也会减弱很多。

首先，我们来简单认识一下幽灵。

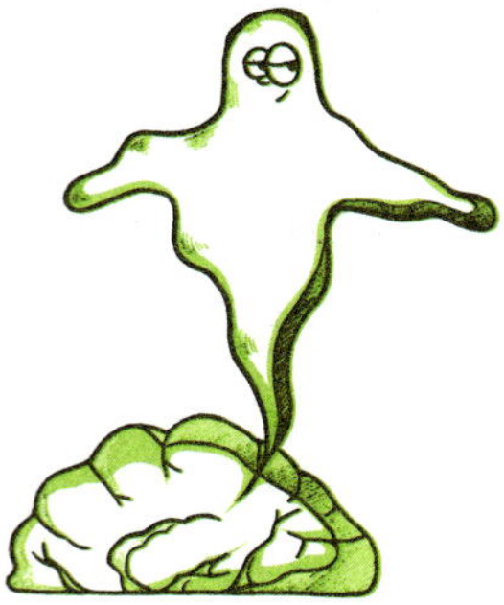

【种　　类】幽灵

【真实面目】痛苦的回忆、过去犯的错、伤害你的话语

【任务说明】利用过去的经历来阻止你抓住现在和未来的机会

【必 杀 技】引起恐惧、引起怀疑、重现痛苦的记忆、阻止你、击垮你

【如何打败他们】直面他们

真实面目

幽灵：他们不会在万圣节前夜披上带洞的床单，也不会与海利·乔·奥斯蒙特[①]（Haley Joel Osment）和能把人吓个半死的米莎·巴顿[②]（Mischa Barton）一起演电影。但幽灵会在你的脑海里出现，痛苦的回忆、过去犯的错、伤害你的话语，还有其他坏蛋对你说过的谎言，这些都是幽灵披着的外衣。当你想尝试新事物或者追求目标的时候，你的脑袋里会不会响起一个声音，说你不够好，说你一事无成，说你会像上次那样一败涂地。

那就是幽灵。

从某些方面来看，幽灵甚至比他们的坏名声还要糟糕。

他们是你从错过的机会中回忆起的错误和遗憾，是教练说你不够好叫你放弃时给你造成的打击，是同学嘲笑你、老师认定你将一事无成时留下的挥之不去的伤痛，是抛弃你的父母。

任务说明

每当你受到伤害，感到恐惧、愤恨时，幽灵就诞生了。幽灵是潜伏的说谎者，他们如影随形，你无法摆脱他们，除非你没有脑袋，要真那样的话，我倒是很好奇你是怎么看得懂这本书的。

我所面对的幽灵就是我的过去，尤其是被生身父母抛弃的事实。坦

① 美国男演员，在电影《第六感》中饰演男孩柯尔，柯尔有阴阳眼，长久以来饱受幽灵的困扰。

② 美国女演员，在电影《第六感》中扮演一个死去的被梦魇困扰的小女孩儿，米莎在片中苍白而忧郁的表演给人们留下了深刻的印象。

白说，现在我已经完全能接受这个事实了，能连着几个星期也不会想这事。我热爱我的生活。

但是，它仍然如幽灵般，时不时闪现在我的脑海里。

比如说，节假日的时候。我也不知道该怎么表达我的感受，我想每个人过节时都应该跟家人待在一起，吃喝玩乐，也许还会比对 DNA？这就像幽灵在轻声提醒我："嘿，乔希，你真差劲，你没有真正的父母。要是你不那么让人失望，也许你的亲生父母就不会抛弃你。看你孤家寡人这副模样。"

幽灵的打击有时会让我不知所措。九月份，挺好。十月份，也凑合。十一月、十二月，感恩节和圣诞节到来的时候，唉……日子就难过了。

无奈的是，幽灵从未离开。他们并不总是冒出来烦扰你，但他们一直在你的内心深处，轻声地在你耳边述说着谎言。他们呼应着其他人对你说的假话：你不够聪明，你不漂亮，你一事无成。

必杀技

幽灵总是在你状态最糟糕的时候出现。每当你准备向前迈出一步，每当你准备掌控自己的世界时，他们就不请自来。

不过这也能理解。为什么在你大吃特吃垃圾食品的时候，幽灵会大声说话？为什么你跟一个混蛋交朋友的时候，幽灵就会表现得很"关心"？因为对幽灵来说，糟糕的决定就意味着他们能找到臭味相投的幽灵朋友，意味着他们能唤起你更多痛苦的回忆。幽灵是所有坏蛋中最具欺骗性的，因为他们在你的脑子里，比其他人更了解你的弱点。

如何打败幽灵

人们总想假装幽灵不存在，但你想一想，游戏《超级玛丽》里的幽灵是什么样的？当你能勇敢面对他们时，他们就会停止追赶你。或者游戏《吃豆人》里的幽灵，那些恶心的家伙会一直缠着你，但如果你能吃到“大力豆”，变得强壮，就能进入反攻模式。重点在于，如果你现在不对付他们，那他们就会在你最脆弱、最不堪重负的时候对付你。

幽灵之所以如此危险，是因为他们就在你的脑袋里，这也是他们最大的弱点：你大可不必听从他们的号令。有时他们的谎言非常具有说服力，他们诱使你回到舒适的生活轨道，让你毫无作为；他们告诉你冒险不值得。但你可以让他们闭嘴。幽灵经受不住真相的考验，他们是你唯一能真正驾驭的坏蛋。如果你能记住幽灵都在说谎，那你就能打败他们。

对付幽灵最好的办法就是先预想一下他们会怎么做，你知道的，“知彼知己，百战不殆”。蹲下，摆出最佳后卫的姿势，准备好迎战吧！把他们打倒在地，叫他们呼天抢地！

我呢，现在已经知道，每年十一月、十二月我应该和朋友们、养父母待在一起，要让自己忙起来。

如何拯救幽灵

幽灵顽固不化，因为他们不是人，而是一个个轻飘模糊的念头，所以很难帮助他们改邪归正。幽灵不会直接加入你的阵营，更不会主动帮助你。他们之所以存在，就是为了阻碍你掌控自己的世界。但只要有正确的态度，你就可以扭转局面。当他们轻声在你耳边贬损你时，你就当他们是在说反话，接受他们给你带来的伤害，用它来帮助别人。

这样你才能“哄骗”幽灵来帮助你掌控自己的世界。一般来说，当你（A）感到非常恐惧或（B）做出正确决定时——比如决定尝试新的东西，决定面对挑战——幽灵就会张嘴说话。如果是A情况，你知道的，幽灵就喜欢在你最脆弱的时候攻击你。这时你应该站起来，直面这些坏蛋。他们的谎言会刺痛你，你应该化痛苦为动力，努力去证明他们对你的论断是错误的。如果是B情况，那你尽管放心。幽灵在这时候跟你过不去，恰恰说明你做的是对的。他们撒谎的声音越响亮，他们越是试图让你相信自己不够好，你就越应该确信，自己正朝着正确的方向前进。当你为无辜被欺负的人打抱不平时，幽灵会尖叫：“你肯定会丢人现眼！”当你努力追逐梦想时，幽灵会喋喋不休：“你的梦想永远也实现不了！”

换句话说，你可以让他们给你反向激励。他们越是用力撒谎，就越说明你选择了一条最理想的道路。相信自己，做与他们的谎言完全相反的事吧，你一定能战胜他们。

第 7 章

识别身边隐藏的“忍者”

——警惕那些只想利用你的广告商及所谓“朋友”

忍者无处不在。他们会伪装成你的朋友，潜伏在暗处，等待你放松警惕。你正好好地走着路，没招谁惹谁，突然嗖的一声，一支“飞镖”直冲你而来，正中太阳穴。我非常负责地告诉你，这个伤口很难痊愈。

所以，要想掌控自己的命运，让忍者无法得手，你得先弄清楚你要对付的是什么样的坏蛋。

【种　　类】忍者

【真实面目】虚假广告、有偏见的媒体（几乎所有的媒体）、贪得无厌的公司、塑料姐妹 / 兄弟

【任务说明】 装出一副人畜无害，甚至亲切友好的样子以博得你的信任，从而实现其见不得人的阴谋

【必 杀 技】 挂羊头卖狗肉、招摇撞骗、暗箭伤人、渗透、暗中破坏

【如何打败他们】 揭露真相

真实面目

和现实生活中的忍者一样，他们善于伪装、潜行和使用诡计。忍者主要有两种，一种是公司，那些唯利是图、贪得无厌的公司和招摇撞骗的广告商。他们信誓旦旦地承诺，只要买了他们的产品，你的生活就会更美好，你的肌肉就会更强壮，你就能挣到更多钱。比如，声称给你“免费”用钱的贷款公司，实际上可能会让你陷入债务危机。这些公司能看出你是不是很好骗，就好像你脑门上用醒目的红墨水印着“傻瓜”一样。你知道他们哪里最可怕吗？他们如此庞大，却又如此狡猾，以至你几乎觉察不到他们的存在。

第二种忍者则离你更近。朋友忍者是指那些你非常信任，却背着你搞小动作，冷不防从背后给你来一刀的朋友。他们会贬低你，老感觉自己高人一等，他们的目的就是要把你打垮。这里要说明，从本质上看，塑料姐妹 / 兄弟不是忍者而是海盗，具体我会在第 8 章讨论。

任务说明

当然，忍者非常狡猾。从表面上看，忍者似乎跟你一条心。跟你打交道，他们自有一套办法，乍一看似乎毫无异常；但过一段时间，通常是在他们发动攻击后，你就会意识到他们别有用心，想利用你或者毁灭你。

下面的内容你听了可千万别灰心。忍者通常都很擅长自己的工作。他们“技艺高超”，说实话，他们看起来甚至很酷。但他们人生的唯一目的就是鬼鬼祟祟地搞破坏。忍者没有荣誉感可言，他们蜷缩在阴暗处，装得像只乖巧的小猫咪。他们耐心等待着你最脆弱的那一刻，只敢趁你毫无防备时从暗处发动攻击，他们是懦夫。

必杀技

忍者看起来很无辜，但还没等你回过神，嗖的一声，他们摧毁了你的自尊、自信或好心情，也可能三者兼有。他们是如何做到的？通过骗取和利用你的信任。他们假装支持你，口口声声说惦记着你。

想想某品牌香体喷雾的广告：它承诺，只要你喷了这款香体喷雾，就会有粉丝追着你满街跑，迫不及待地“啃”你胳膊，难道你的胳膊是巧克力做的吗？！香体喷雾，你真愿意为我这么做吗？你怎么对我那么好！你不是黄鼠狼给鸡拜年吧？！

其实，他只是想要你的钱而已。为了让你掏腰包，他会先让你回忆起幽灵，就是那些在你大脑里很不安分，让你觉得自卑、没有安全感的幽灵，然后偷偷承诺，如果你购买香体喷雾，他就能让幽灵走开……注意，前提是购买产品。你以为他在乎的是你吗？相信我，他才不想给自己找麻烦，只是想从你的口袋里抠出点“血汗钱”。这还不算什么，更过分的是，他甚至都没有兑现诺言！他只会让你像个自以为很酷，但实际上闻起来臭烘烘的中学生。好了，别问我怎么知道的。

银行喜欢玩同样的把戏：他们寄一张“预先批准”的塑料卡片到你家邮箱，这下子你可以想买什么就买什么了！神奇吧！而且还没有任何风险。谁会放过这样的机会？瞧着吧，很快，你的信用等级就会下降，你会欠下上万美元的债务，而你的亲妈一分钱也不愿意借给你。到底发生了什么？忍者欺骗了你，他保证你能获得即时的满足，有足够的购买力，这会让你感觉良好，让别人对你刮目相看。不仅如此，他还与幽灵沆瀣一气，让你相信他真的是想帮助你。结果你上钩了，只能自食其果。

你结识了一个新朋友，她看起来体贴友善，但很快你认识的人都收到了你出糗的照片。不是我打击你，你这个“新朋友”肯定是个忍者。

如何打败忍者

下面咱们说点好消息。尽管忍者擅长暗地里使坏，而且有杀人于无形之中的武器，但在公开的战斗中他们毫无胜算。忍者为什么要躲在暗处，从背后攻击你？因为你比他们强大。只有在你疏忽大意时他们才能伤害你，而让你疏忽大意的唯一方法就是诱使你相信他们。其实他们对你构不成威胁。

这就是为什么上门推销的忍者无法打进客户内部的原因——你一眼就能看穿他的把戏，所以你也不太可能会被对方利用。但广告忍者会说服你，如果你不抹好看的唇彩、穿时尚的衣服，那你的生活就是空虚的。如果一个诡计多端的忍者假装是你的朋友，并且很快就在其他朋友面前说你坏话，那她马上就会暴露。所以，她会稳扎稳打，慢慢融入你的圈子，然后再开始散布谣言，逐个策反你的朋友。如果有朋友对你说“我爱死她了，可是她……”，那你基本可以确定，她就是个喜欢暗中使坏的忍者。

对这样说话的人要提高警惕。

“她确实很优秀，不过……”

“也不是我不好，可你看……”

“你千万别告诉她是我说的，但是……”

划重点:

如果你知道忍者的真实面目，知道他们在做什么，他们就无法生存，他们只能躲在暗处。

尽量避免成为一个偏执的愤世嫉俗者或阴谋论者，但一定要试着去检验一切。思考是非常宝贵的技能，要多思考。对那些唯利是图的公司，你只要知道他们在玩什么把戏就行了。记住，公司和品牌希望你喜欢他们、购买他们的产品，所以他们会想尽一切办法吸引你，让你相信他们的产品正是你想要的，这就是他们的阴谋。你的任务是要自行判断你是否真的需要。你得做出决断，他们提供给你的东西到底有没有用？而不是被他们极具欺骗性、说服性的信息蒙蔽。比如说，塔可钟新推出的火山牛排牛油果酱辣玉米比萨，把周六凌晨一点还没睡觉的你看得快馋死了，但你要是知道，它能把你的肠胃辣得像被一只狂暴的獾撕裂那样痛，你也许根本不想尝试。

朋友忍者更狡猾。有时你甚至觉察不到他的攻击，等你反应过来，为时已晚。最好的机会就是当你怀疑对方在使用忍者必杀技时，就勇敢地站出来。如果你怀疑新的朋友在暗地里使坏，或者利用你以得到他想要的东西，那就直接对他喊话。你也不必把他怎样，只要让他知道你在注意他，你有所防备，而且你不能忍受他的行为，他就会后退。记住，他们基本上都知道，公开决斗他们没有胜算。

如何拯救忍者

记住，每个坏蛋都残存着一点善。虽然公司只看重钱，说起来也真是遗憾，但他们确实喜欢人们的青睐。不然的话，他们就挣不到钱。所以如果某个公司或品牌的行为太过分的话，你就直接冲他们喊话，告诉他们，你不会再尊重他们，也不会买他们的东西，并表示要当着你所有朋友的面，揭穿他们的真面目，如果有足够多的人追究他们的责任，那这家“眼里只看到钱”的公司说不定也会发发善心。

嗨，我又要讲故事了。

有消费者发现 Ben & Jerry's 品牌所生产的冰激凌没有她最喜欢的口味——香蕉口味加软糖和核桃碎，就写信把自己的诉求告知该公司。你猜怎么着？很快，胖猴子冰激凌就诞生了。孩子们，历史就是这样创造的。

相比之下，让朋友忍者或者任何两面三刀的家伙改邪归正要容易一些，但也别太乐观。帮助他们最关键的是让他们变成武士。武士就是忍者们希望自己能成为的样子，而且最重要的是，武士很有荣誉感，他们不会为了得到自己想要的东西而耍花招，去欺骗别人。朋友忍者很可能一开始就嫉妒你——很多时候正是嫉妒驱使他们去伤害你。如果无论他们做了什么，你都能善待他们，那么他们就会尊重你，意识到自己的策略不起作用。要去寻找他们行为的根源，直言不讳地说出你的想法：他们是在利用别人，这完全是懦夫行为。但不要羞辱他们，而是接受他们，其实他们就是希望能被你接受。要教他们如何成为英雄，这样才能实现双赢。

第8章

避开专横无理的“海盗”

——及早对霸凌说不

海盗很容易就能认出来，哪怕他们没有戴眼罩，也没有一边挥舞着长刀，一边大喊：“啊！”有些海盗看起来很凶恶，有的则很有魅力，但无论如何，他们都是烧杀抢掠的亡命之徒。

我们先简单了解一下海盗。

【种　　类】海盗

【真实面目】霸凌者、塑料姐妹/兄弟

【任务说明】从你那里得到他们想要的，利用你谋取个人利益，满足私欲

【必 杀 技】威胁、胁迫、剥削、毁灭、窃取

【如何打败他们】避开

真实面目

海盗是厚颜无耻的坏蛋。忍者会偷偷摸摸地利用你，海盗们才懒得费这个心思。海盗有很多种，但他们都有一个目标：牺牲你以得到他们想要的东西。从恐怖分子到战争贩子，再到强迫你的控制狂朋友，海盗通过掠夺来得到他想要的东西。

任务说明

海盗只关心一个人：他们自己。他们极大地破坏别人的生活，因为对海盗来说，除了掠夺，什么都不重要。你要么被他们当作工具，要么被他们视作必须扫除的障碍。他们会强行控制你的人生，把你带向绝境。

必杀技

为了得到自己想要的东西，海盗们会坑蒙拐骗，如果这些招数不管用，他们就会毫不犹豫地使用暴力——威胁、虐待、杀戮和掠夺——他们是坏蛋中最心狠手辣的。为了控制你，霸凌者会用身体伤害来威胁你。华尔街的大银行家也会撒谎，卷走你毕生的积蓄。海盗会用各种下三烂的手段来扰乱你的生活。

如何打败海盗

有个万无一失的方法，那就是避开他们。多加留心，就算他们离你不那么近，你也能看到他们。他们不像忍者，有那么多心眼。有时你需要相信自己的直觉：如果你跟某个人第一次接触就觉得他有点不对劲，那他很可能就是个海盗。如果一个人老是拿别人开玩笑，完全不考虑别人的感受，或者仗着自己的强势地位来伤害别人，那他很可能也会这样对你。

海盗的性格比较强悍、粗犷，确实挺有魅力的。长期待在海上，靠打劫为生，今朝有酒今朝醉的生活也确实令人向往。而且，海盗看起来是个忠实的朋友，虽然他也会利用你；但当你坚持自己的主张，当你试图做一个主宰自己世界的英雄时，海盗就会火冒三丈。如果你能遵守他们的规则，他们就会把你留在身边；但你要是胆敢我行我素，那你们的关系就危险了。如果一个海盗没法把你拖下水，那他最后一定会抛弃你，就像扔掉一块脏手帕。

为自己着想，还是跑吧！

跑还不简单吗？你也许会这么想，但实际上没那么容易。海盗们四处挑衅、出口成“脏”、脾气暴躁，肩膀上就像放了一捆炸弹，随时都有可能爆炸。

举个例子，2005 年，我受邀成为美国全国收养月的代言人。我是在寄养家庭长大的，对此我感到非常荣幸，迫不及待地想跟年轻人谈谈收养这个问题。我觉得，从某种程度上来说，收养体制让我受益颇多，现在我终于可以回馈这个系统了。

一个在俄克拉何马州收养系统工作的社会工作者听说我获此殊荣，对我说：“哦，乔希・西普，哈哈！我认得他。他以前就是个小混混，现在恐怕还是那副德行。我简直无法相信，居然会找他代言。开什么玩笑？！”

不好意思，您再说一遍？有这么说话的吗？

很没礼貌，不是吗？听好了，现在我会把这个人的名字和邮箱告诉你。你的任务就是，如果你愿意的话，给他发恐吓邮件，咱们要用网络霸凌来碾压他，直到他自己都瞧不起自己。

我是想这么做，但这不对。成年人不应该通过打击报复来解决问题，这肯定不对。

嗨，这事就算了吧。等等，你也可以给我发邮件，索要这个人的邮箱。哈哈，我就是开个玩笑。

不，我是认真的。

不，我是在开玩笑。

嗨，越说越糊涂……

老实说，当我听到这家伙的一番评论时非常生气，恨不得抄起电话把他大骂一顿。要是我有本事，肯定让他被炒鱿鱼。

但这正是海盗所期盼的，一场战斗！他们就是要吸引你的关注，让你分心，把你卷进来，把你胖揍一顿，让自己感觉更强大、更重要，也许还会败坏你的名声。这不值得。有时你也想反击，狠狠地给他一拳或是散布恶毒的谣言，但有句话说得好，仇恨会让人面目可憎，它会让你觉得自己是个混蛋。最后你只会跟他一样，而且你们还会陷入相互毁灭的境地，你打过来，我打过去，两败俱伤。

最好的办法是什么？不理会他，忽视他。关注生活中那 90% 支持你的人，而不是那 10% 以伤害你为乐的人。

如何拯救海盗

如果一个人只关心自己的话，那你很难改造他。这倒不是说海盗完全没希望了，有些海盗长大后，也会后悔当初不该伤害别人，也能改邪归正。

但只要他们是海盗，只要他们是戴着眼罩、胡子上沾着面包屑的铁钩手，只要他们到哪都为非作歹，那你还是离他们远点为妙。跟海盗没有道理可讲，他们只会伤害你。你最好能躲就躲，也要这样提醒你的朋友，剩下的，就寄希望于这些海盗能洗心革面，重新做人吧。

第9章

与刻板的“机器人”过招

——如何更好与父母、老师相处

机器人特别有意思，因为他们并不总是那么坏。实际上，有些机器人可能会为你的最大利益考虑，想想《星球大战》里的机器人 R2-D2、《机器人总动员》（*Wall·e*）里的机器人瓦力、《飞出个未来》（*Futurama*）里的机器人班德，或者《终结者》（*The Terminator*）系列里阿诺·施瓦辛格（Arnold Schwarzenegger）饰演的机器人 T-800——在第一部里，他被派去杀莎拉·康纳，但在第二部和第三部里却又保护她的儿子。总之，程序让机器人做什么，他就做什么，如果一开始他就被设定为你忠诚的伙伴，那你就完全没有后顾之忧。

同时，机器人可能也是你要面对的最危险的敌人。他们钢筋铁骨，身体强壮，而且思维冰冷而理性。机器人不知道同情弱者，缺乏人类的智慧，自己也没有目标。机器人就是机器人，如果一个机器人的预定程序是要伤害你，那真的很麻烦。

在你试图掌控自己世界的过程中，会遇到很多机器人。学校有时就像个批量生产新型机器人的大型工厂，这些流水线生产出来的机器人要上大学，等毕业后再去机器人指挥中心，也就是写字楼里工作，指挥中心按照精确的角度分出了很多小隔间，以最大限度地提高工作效率。

关于机器人你需要了解以下信息。

【种　　类】机器人

【真实面目】专制的父母、严厉的老师（如思想保守的班主任）、小肚鸡肠的老板

【任务说明】墨守成规，让自己和他人符合社会的预期

【必 杀 技】控制、施压、循规蹈矩、通过你实现他们的梦想、按照他们的期望设定你

【如何打败他们】制订你自己的计划

真实面目

机器人无处不在。家里、学校里、工作场所都能看到他们的身影，他们还跟威尔·史密斯演过动作片呢，有些电子产品商店也有机器人。很多时候，机器人就是我们的父母、老师、教练，他们虽然是出于好意，但是

做法却不妥当。

只要你看过《终结者》的任何一部，就肯定知道机器人是什么样子。他们坚如钢铁，冷酷无情。他们不知疲倦、毫无怨言地工作，也从不妥协。一旦接到指令，他们就会全力以赴。机器人很擅长做自己的工作，否则他们也就没用了，没用的机器人只能被扔进垃圾堆。

机器人只会按照指令工作，指令说是对的，他就去做。不用说，机器人的这一特性让人非常恼火。就拿机器人瓦力为例，按照预定程序，瓦力应该处理垃圾了，于是他会喊你跟他一起清理前一天的垃圾。他还以为你很高兴，因为他自己很喜欢清理垃圾。就算你冲他大喊："我讨厌捡垃圾！"他也不明白怎么回事。瓦力的预定程序就是这样设置的，没什么对错之分。

你的父母或许也是如此。他们认为你应该当医生或律师，对他们来说这就是成功的道路，而他们希望你成功。当医生本来也没什么错，但也许那不是你的梦想。就算你冲父母大喊："我不想当医生！"他们也不会明白你是在闹哪样。他们认为什么最好，就希望你做什么。他们是被驯化成这样，遵循预定的操作指令，不能理解你为什么不按他们的操作指令行动。

必杀技

难道说一点希望都没有了吗？并不是。

大多数机器人并没有意识到自己在按照预定程序掌控你的世界。因为指令让他们以为，遵循他们的想法和行为是唯一可行的道路；所以当其他人选择不同的道路，当这些人的想法和行为与他们的预定程序背道而驰时，他们就非常担心。他们会出手干涉，并想尽一切办法把你变得跟他们一样；但他们并不是出于恶意，而是不理解。他们会用机器四肢代替你的四肢，最后你会遵循他们认可的操作指令，每天朝九晚五、勤勤恳恳地工作，挣机器人工分，也就是钱，而且没有任何异议，挣到足够的钱就能买更好的机器人运行模块或支付休假旅游费用。

这些或许并不可怕，但相信我，你不愿意做一个机器人。为什么？因为机器人无法掌控自己的世界。机器人完全被预定程序所掌控，无论这个预定程序是来自机器人父母，还是来自文化和传统的力量，传统也就是所谓的“大家都这么做”“常理”和“成规”。他们别无选择，机器人只能听命于他人。一旦被写入程序，你就不会再关心你的梦想和目标，你只关心怎么挣机器人工分，怎么付机器人账单。你的工作之所以有意义，是因为程序告诉你它有意义。

那会是什么样的生活？

如何打败机器人

你肯定很想站起来反抗机器人，拼尽全力抵抗他们，不让他们给你写入指令。你想直面他们，但他们太强大了，正面攻击根本就没有用。如果你触动了机器人的“威胁”感应器，他们把你当成敌人，那你就有大麻烦了。

庆幸的是，我们还有一种方法，这个方法并不难，你只需要知道机器人是如何运转的。

跟其他坏蛋一样，机器人的危险之处也正是他们的弱点：程序。如果给机器人写入的指令不是要摧毁你，而是要帮助你，那么游戏就得换个玩法了。突然间，机器人所有的威力都为你服务了，机器人也是你能找到的最好的同盟。

机器人基于理性工作。机器人只认可一样东西，那就是预先写好的程序。比如说，如果你是个运动员，那也许你要跟机器人教练打交道，机器人教练只关心你的运动情况，他不在乎你学习怎么样，申请了哪所大学，睡眠够不够。他只关心你橄榄球、足球、排球或垒球的水平有没有提高。机器人老师、机器人班主任和机器人父母也是一回事，如果你说："真无聊，我才不在乎我足球踢得怎么样！"机器人教练就会说："这个结论缺乏深思熟虑。运动能让我们学到很多宝贵的人生经验，比如团队合作、意志力和求胜精神。我喜欢足球，你也应该喜欢足球。"争论就这么开始了。我猜你跟父母肯定也这样理论过。

你知道，17岁那年我在班上宣布，我想成为一个励志演说家的时候，机器人老师是怎么评价我的吗？"你将来只能睡在河边的破面包车里！励志演说家，那算什么正经工作？我看你只能流落街头，靠垃圾食品过活！真好笑！你倒是自己先长点志气呀！大家快看看，这就是咱们的励志先生！"此时机器人老师的处理器满负荷工作，让我在全班同学面前看着像个小丑，真是太残忍了。

最让我崩溃的打击来自一个机器人职业顾问，顾名思义，就是在选择职业生涯时给我提供建议的人。

"嗯，你真不错，乔希。"她说话的口气听着很有礼貌，但实际上是在骂人。

"想法很好，但你得做两手准备。"

谢谢你，女士，你干吗不直接说："想法很好，但你肯定不会成功，你最好现在就接受这个现实。"

换作你，如果别人告诉你，你做不到，你会怎么处理？

告诉你我是怎么做的。记住，这可不是非同一般的建议，也许菲尔博士[1]听了会摇头说：“行行行，小伙子，别这么激动。”但我说过，我是个诚实的人，所以我得说实话。当机器人告诉我，我已经脱离了预定轨道，如果不按照他们的计划实现他们传统的期望，我将注定失败时，我就把他们的怀疑、他们对我没信心当作是前进的动力。

“我一定要让你们看看！”我暗想，“总有一天你们会收回自己说过的话！我要让你们后悔莫及！”

现在回想起来，我可能更多是想维护自己的骄傲与自尊，而不是被真正高尚的东西所驱动。

长远来看，靠骄傲和自尊驱动自己也许不是最佳方法，但它们也能起到一定作用。

说真的，你必须选择适合自己的方法。对我有效的方法不见得对你有用，关键是不能让机器人阻止你追求自己的目标，要做到这一点，你得制订个计划。

跟机器人理论时，你一定很想大喊大叫或者哭哭啼啼，因为有时跟机器人似乎一点道理都讲不通。但情绪激动实在不是个好做法，原因有二：一是机器人通常无法理解情绪，二是机器人极度理性。你其实只要用他们的语言跟他们沟通，说服机器人相信你的选择、你的喜好、你的人生目标是合乎逻辑的。

下面我们来看看为什么情绪化不管用。设想一下，你和机器人班主任正在讨论问题，你情绪特别激动。你俩在班主任的办公室里，办公室墙上挂着猫咪的图片，桌上有个小碗，里面放了几块“30年”没人动过的硬糖。场景如下：

机器人班主任：你想去哪里上大学？

① 菲尔博士是美国著名心理咨询专家，访谈类电视节目《菲尔博士》的主持人。

你：其实我不想上大学，我想上专门学摄影的技术学校，因为我喜欢摄影。

机器人班主任：听起来不错。上大学也可以上摄影课呀，我看你数学和科学成绩都不太好，要想考上一所好大学，这两门你真得加把劲，这样才能成为全面发展的学生。

你：数学和科学很无聊，我才不想学。人人都说上大学好，我看他们真是蠢透了。有完没完哪。

机器人班主任（用机器人瓦力那样忧郁的大眼睛看着你）：什么？你这是什么态度？你怎么就没意识到这对你的人生有多么重要呢？（然后你们吵了起来，心理上也断绝了师生关系。从这一刻开始，你们的每一次互动都成了一场战斗，她要把预定指令强加给你，而你拒绝接受。）

呣，这么做并不会有什么好结果，不是吗？

你没错，你只是没用机器人听得懂的术语来解释。所以，我们不妨再来试一遍，这次不要被情绪牵着鼻子走，而要注意逻辑。

机器人班主任：你想去哪里上大学？

你：说实话，我没有特别想去的大学，我想上专门学摄影的技术学校，因为我喜欢摄影。

机器人班主任：听起来不错。上大学也可以上摄影课呀，我看你数学和科学成绩都不太好，要想考上一所好大学，这两门你真得加把劲，这样才能成为全面发展的学生。

你：我高中时摄影这一科的成绩就最好，我决定了，以后就从事摄影行业。我并不打算在数学和科学相关领域发展，我想先尝试自己最擅长的，看看它到底适不适合我。我现在的计划是攒足够的钱，去专业摄影学校学习一年，了解摄影行业方方面面的情况。要是最后我不喜欢，那也就耽误一年时间，到时我再往其他方面努力，这样对我最有利。

机器人班主任（毫无感情地笑，因为机器人常以为自己很聪明，但事实并非如此）：也是，可是你数学、科学不好的话，将来怎么开办摄影公司呢？

你：你说的没错，但我得先做一个好的摄影师，再谈开摄影公司。课本里那些物理知识学得再多，除法算式做得再多，也不能帮助我拍出更好的照片。等我有了摄影经验，并且确定这是我想终身从事的行业，确定自己要走这条路了，再学数学也不迟。

机器人班主任（完全没料到你居然想得这么清楚）：你的备选计划是什么？（如果你比他们聪明，或者能用逻辑把自己的立场讲清楚，他们总会这么问。）

你：备选计划是给那些惧怕失败，认为自己不会成功的人准备的。而我，不会因为目标太难而放弃。摄影是我想做的事，我要努力成为一名优秀的摄影师，或者找到比摄影更能点燃我激情的事。这两种选择都不需要备选计划。

祝贺你！你打败了机器人！

当当当，正如你所看到的，意气用事对机器人没什么作用。他们只认可程序。虽然机器人有这样那样的缺点，但他们知道，其他人也许执行的是不同指令。你要做的就是制订自己的计划——了解自己，了解自己渴望什么，为什么渴望——并理性地表达出来。相信我，这并不难。

在前面的例子中，你已经制订了自己的摄影学习计划。机器人喜欢计划！你应该系统地思考自己行动的结果，合理安排时间，分清主次，这样才能实现你的计划。这个程序会阻止机器人班主任把她的指令写入你的头脑。你成功了！你打败了机器人班主任！

这是很宝贵的经验，如果你还没安装自己的程序，那就很难抵制那些想把程序复制到你大脑的机器人。你得先开发自己的程序，才能得到他们的尊重。

你也许要问，为什么要和这些机器人打交道呢？因为，这个世界充斥着机器人，就像蚊子一样多，你干不掉他们。事实上，这个世界需要他们。从某种意义上说，我们都有预定的指令，都是机器人。而且，还得有人给机器人录入数据。电影《终结者》最能说明实际情况：如果机器人跟你对着干，那我只能祝你好运，他们冷酷无情、不达目的决不罢休；但如果你能联合他们，那你就多了一些有价值的盟友，多了一股愿意为你而战并帮助你实现目标的力量。一旦机器人班主任能理解你的预定指令，她就会按照自己的指令帮助你进入摄影学校，她能给你提供很多有用的方法和建议。毕竟，操作指令就是这么指挥她的。

明白我的意思了吗？你需要做的就是理解他们的思维方式。

如何拯救机器人

一定要记住，机器人是这个社会不可或缺的一部分。你无法避开他们，也不能消灭他们，重要的是得把他们拉到你的阵营里，这是基本的生活技能，跟必须学会洗碗是一样的。如果你知道了如何对付他们，机器人基本上也不会伤害到你。他们之所以要掌控你的世界，是因为这是他们的操作指令；而且，很多时候，他们发自内心地觉得这样做是为你好。如果你的朋友、父母或老师表现得像个机器人，试图在你毫无觉察的情况下控制你并支配你的生活，你能做的就是给他们的操作程序升级。机器人无法理解人类，实际上，当人们的行为与他们的操作指令不一致时，他们也会灰心丧气。但你可以理性地跟他们解释，让他们倾听、理解他人不同的观点有哪些好处，了解并尊重别人的差异，别再把自己的代码复制到别人的硬盘里。

记住，机器人尊重逻辑。想让机器人成为你的盟友，你必须清晰、理智地告诉他你的计划，这样他才会把你当作理性的智慧人看待。一旦赢得了他们的理解，你就多了一个宝贵的盟友。他们不再想“杀掉”你，而是想帮助你。

第 *10* 章

警惕充满诱惑的“吸血鬼”
——追星可以，但不要落入陷阱

随着《暮光之城》系列电影的走红，吸血鬼的故事开始层出不穷，但在这之前，吸血鬼的形象其实很邪恶，就像梦魇一样可怕——他们可不是眉清目秀、头发蓬松的帅气小伙儿。想想看，最初吸血鬼的形象是这样的：他们是可怕的怪物，有着无比强大的不死之身，在黑夜里猎杀人类，并吸干人类的鲜血。听着就很恶心！不过呢，我现在倒是觉得有些吸血鬼还不错，比如《暮光之城》里的男主角爱德华确实像个英雄。但文学史上最早出现的吸血鬼角色是德古拉伯爵，他是以真实的历史人物——15 世纪的瓦拉几亚大公弗拉德三世为原型，弗拉德三世不仅长着可怕的胡子，还以极其病态、残忍的方式杀死了约 20,000 人。

要知道，虽然那些试图掌控你生活的吸血鬼并不是虐待狂、杀手，但他们仍然很危险。

首先，我们来快速了解一下吸血鬼。

【种　　类】吸血鬼

【真实面目】垃圾名人、成瘾物质（酒精、毒品等）、带货明星

【任务说明】吸引你，盗用你的身份

【必 杀 技】诱惑、勾引、开空头支票

【如何打败他们】自我尊重

真实面目

也许你并不喜欢自己，总想变成别人。也许你无法抗拒某些东西，而吸血鬼就是你无法抗拒的东西，你想变得跟他们一样。跟幽灵一样，吸血鬼的危险主要来自于你的内心。不同之处在于，吸血鬼并不是在你的头脑中——他们是被大众文化捧上神坛的人，是那些你以为自己必须拥有才会觉得幸福的东西。吸血鬼是毒品、酒精、超级名模、体育明星、美丽性感的女演员和拉风的摇滚明星，有些吸血鬼看着就像超模梅根·福克斯（Megan Fox）。不过有些吸血鬼则没那么出名或者受欢迎，但你看到他们时会想：“我想像他们那样。”一旦有了这样的念头，就说明你已经被吸血鬼“咬”了一口。

任务说明

吸血鬼神秘而迷人，极具诱惑力，往往很受欢迎。虽然有时你也会怀疑哪里有点不对劲，毕竟，怎么会有那么完美的人呢？他们简直是上帝的宠儿。你觉得他们似乎比你好太多了，天生就有种优越感，他们开的车比你好，穿的衣服比你好，就连周末都过得比你更带劲……哦，对了，而且他们也知道，你嫉妒他们，羡慕他们。吸血鬼让你看清楚自己是什么“德行”，让你以为自己拥有的不够好、不够多，让你觉得“如果……，我会更开心”。

毒品和酒精的作用也是如此。它们只管给你开诱人的空头支票——如果你喝点酒肯定会感觉非常好……会摆脱痛苦……被人接受……被人尊重……更成熟……更开心……更有创造力……不再被规则束缚……

吸血鬼会激发你的欲望与不安全感，以此来操纵你。

还没等你回过神来，他们的獠牙已经“刺穿”了你的脖子

他们会“吸干”你的独立性和你的身份，直到你跟他们一样，直到你完全依赖他们。一旦被吸血鬼的魅力或美貌所欺骗，你就会发生改变。最开始是一些小的方面，比如一件新的衬衫，跟吸血鬼穿衣打扮风格一致的衬衫。六个月后，你已经变得跟吸血鬼几乎一模一样，唯一能把你们区分开的方法是：讲笑话的那个是吸血鬼，像小跟班一样捧场的人则是你。不知不觉中，你已经忘记了自己是谁。吸血鬼“吸走”了你的身份，现在你只不过是他们的复制品。很快，你也会讲同样傻的笑话，同样频繁地参加聚会，你甚至不记得自己应该是什么样子。

要是吸血鬼运气好的话，他很快就能让你学会怎么“吸血”，你甚至都没意识到自己发生了巨大的改变。吸血鬼给你的承诺是，你会获得名声、地位和大家的喜欢，但这一切都是以失去你自己的身份为代价。

成瘾也是一回事。在酒精和毒品的作用下，你可能会感觉更好，但这种变化并不真实。它们实际上欺骗了你，而且它们一旦“吃定”你就绝不会松口。不知不觉中，吸血鬼就已经控制住了你，把你变成酒鬼、瘾君子，让你手无缚鸡之力。你被吸血鬼所支配，任由它们摆布。

在这种情况下，我们永远不会满足。我们会这么想：“要是能得到这个，我就会很幸福”，“要是有了那个，我就知足了”。

不要相信他们的鬼话。不要自己骗自己。你知道这不是真的。你知道会发生什么：你得到了你想要的东西，接下来的几周，你会非常高兴，但你的欲望不会停止，你还想要一件新运动衫、一个滑板、一个 iPad，一辆车、一份好工作……欲望是永无止境的，每一次满足之后你又会回到原地。

有些吸血鬼最初看起来完全无害，比如扑克牌。我喜欢扑克牌，要知道打扑克也是一种运动，ESPN 体育台上都会转播扑克赛事。

我承认，在得克萨斯扑克非常火的那段时间，我确实经常熬夜看比赛。决赛桌、口袋火箭、爆冷门、同花顺、河牌，没有我不知道的行话。

我觉得得克萨斯扑克看起来并不难打，而且给人一种非常炫酷的感觉。一位超级冷静的帅哥围坐在桌子旁，桌上摆着赢来的成堆的钞票。我也想成为那样的高手，于是我决定联网打扑克。你懂的，用的不是真的钱，而是虚拟货币。

有一阵子我特别兴奋，可后来我就嫌不够刺激，没了那种血脉偾张的感觉。我开始变得贪得无厌。

我一想，还不如来真的，于是报名参加了真的花钱下注的扑克游戏。最开始是 100 美元，接着变成 1000 美元，最后增加到 10,000 美元。

我彻底迷上了得克萨斯扑克，无法自拔。其实我早就知道自己容易上瘾，却欺骗自己：我不是那种一钓就上钩的人，我聪明着呢。

唔，我要是真那么聪明就好了。

游戏吞噬了我。就连睡觉时我都在想，当时我不该那么出牌，本来明明胜券在握。它对我的健康、友谊、人际关系和工作都造成了负面影响，我甚至连澡都懒得洗。

细思极恐，它就这样悄无声息地来到我身边，看起来人畜无害，没什么大不了的，可下一刻呢？砰的一声，我就心甘情愿地上了钩，走火入魔了。

我确实走火入魔了。

直到我跌入谷底——我损失了大把钞票，失去了很多朋友——才幡然醒悟，我到底在干什么？我真想这样过一辈子吗？

我太差劲了。

这个秘密我隐瞒了很久，谁也没告诉。每次我都是在办公室偷偷玩，一玩就是四五个小时。直到朋友杰森过来告诉我他妻子怀孕的好消息，我才意识到自己多可悲，当时我正玩到兴头上。

你知道我是怎么做的吗？我压根儿没心思听杰森说话，继续玩自己的游戏，连他的手都没握，也没拥抱他，祝贺他，我什么都没做。

什么样的混蛋会这样对待自己的朋友？

沉迷扑克把我变成了一个混蛋。可我真的是个混蛋吗？并不是。但当吸血鬼攻击我、控制我时，我就突然像变了个人一样。

把这段不堪回首的经历告诉你们真的非常丢人，也许你们会觉得我无能又愚蠢。但我必须告诉你们，因为，也许这本书的有些小读者正被吸血鬼所控制。

如何打败吸血鬼

要想逃脱被吸血的厄运，只有一个办法：反击、揭穿他，告诉别人。

“可我不想那么做。”——好吧，祝愿你做个幸福的奴隶。

“可这多丢脸。”——没关系。听凭吸血鬼的摆布，任由他们毁掉你的人生，那更丢脸。

“明天我就告诉别人。”——你在撒谎，真想告诉别人的话你不用等到明天。

“我一个人怕是应付不了。”——真的吗？你为什么应付不了？

“这不是很正常吗？”——不，这不正常。

最后，我崩溃了。我是认真的。我的人生一塌糊涂。我真哭了——痛哭流涕，自我被彻底粉碎。这是我跟别人说过的最可怕的事，但毫无疑问，这是揭开吸血鬼真面目的第一步。

一旦被咬，只有在别人的帮助下你才能逃脱。

所以，一定要三思而后行。

吸血鬼是这样的：他们不能强迫你改变，也不能强迫你成为他们的一员。就算他们使出浑身解数，也不能真的伤害你，除非你心甘情愿。他们会想尽一切办法让自己看上去更有吸引力、更迷人、更有说服力和诱惑力。他们会向你施加极大的压力，诱骗你屈服。

他们会叫你穿上来自西伯利亚的貂皮靴；他们会向你保证，部落文身会让你显得与众不同；他们会告诉你，应该多花点时间健身、练肌肉，而不是阅读经典书籍；他们在时尚杂志封面向你招手，信誓旦旦地保证，如果你再穿得时尚一点，就能得到更多关注；他们还建议你，要是周末能一起喝酒喝到吐，那你会更有趣，更讨人喜欢，更有男人味。

吸血鬼无处不在，让你无路可逃。但请注意：你可以无视他们。归根结底，愿不愿意被咬是你的选择；是做自己还是做别人，也是你的选择；是掌控自己的生活还是成为奴隶，同样是你的选择。在与吸血鬼的战斗中，你最大的武器不是大蒜、木桩或十字架，而是这个：知足。如果你对自己，对自己所拥有的一切都很知足，吸血鬼根本奈何你不得。

如何拯救吸血鬼

一旦对毒品或酒精成瘾，想戒掉非常难。你一定听人说过“凡事都有个度”，对吧？但这话在这里并不适用，记住，珍爱生命，远离毒品，远离酒精。

另一方面，吸血鬼中有一部分成员有时是所有坏蛋里最无辜的。记住，这些吸血鬼很多不过是普通人。当然，他们可能非常受欢迎，非常成功，拥有美貌；但多数时候，恰恰是因为你想跟他们一样，而且对此执迷不悟，才会给他们吸血的机会。有时拯救吸血鬼最好的办法就是反省自己的态度。不要嫉妒别人，要学会感受幸福。如果你能过好自己的生活，那些有吸血鬼潜质的好人倒有可能成为你忠实的伙伴和宝贵的盟友。

以《暮光之城》中的爱德华·库伦一家为例，他们知道自己很迷人，很有吸引力，而且有能力毁掉别人的生活。但他们毕竟是吸血鬼，他们克制自己，不会强迫其他人跟自己一样。他们没有看不起普通人，也不会觉得自己高人一等。相反，他们利用自己的地位，为其他吸血鬼树立了乐于帮助人类的好榜样。

但也有一些吸血鬼知道如何大肆利用自己的诱惑力来吸引你，让你无法自拔。这么做可一点都不酷。只有当你喜欢跟他们做一样的事情时，这些所谓的“朋友”才会接受你。记住：这类吸血鬼不过是在装腔作势。我不骗你，他们其实极度缺乏安全感。如果你觉得他们很厉害，很有吸引力，那我建议你提高你的标准。能主宰自己生活的英雄比他们强太多了。

关键在于，你就是你，只有做自己，你才会觉得快乐。我知道你会说这都是老生常谈，但人们之所以经常说这样的话，恰恰是因为它有道理。每个人都会尊重那些有安全感，对自己有信心的人。那些痴迷于打扮和虚荣的人，那些总是勉强自己、不甘人后的人，并不快乐。千万别禁不住诱惑，落入吸血鬼的陷阱。

第 11 章

远离散布负能量的“僵尸”

——向阳而行，不与事事悲观的人为伍

啊！僵尸！他们动作迟缓、愚蠢丑陋，在每一部恐怖片里，主角都会端着猎枪轰掉一大片僵尸。当然，我说的可不是电影《惊变 28 天》（*28 Days Later*）或者游戏《求生之路》（*Left 4 Dead*）里跑得跟奥运短跑健将一样快的僵尸。我确实很纳闷，他们怎么能跑得那么神速？是不是喝了太多功能饮料？传统意义上的僵尸——不仅看着叫人毛骨悚然，还会吃人脑的僵尸！

【种　　类】僵尸

【真实面目】爱说丧气话打击别人的家伙、成天抱怨的家伙、阴谋论者、悲观主义者

【任务说明】任何情况下都只看到最糟的一面，让你的心情也跟着沮丧

【必 杀 技】抱怨、发牢骚、唠叨、说长道短

【如何打败他们】感恩

真实面目

在现实生活中每个人都接触过僵尸。他们明明活着，却像行尸走肉一般，逢人便抱怨生活有多糟糕。也许他们的嘴角并没有挂着丝丝缕缕的口水，“腐烂”的牙齿缝里也没塞着肉渣，但总的来说，你基本上一眼就能认出他们。他们是那些见谁都不笑的孩子，是那些公开说厌恶自己工作的老师，是那些在每一线曙光背后都能发现乌云的朋友，是那些嘴里永远冒不出一句好话的孩子，也是那些抱怨自己的生活比恐怖故事还恐怖的人。是的，他们就是僵尸。

任务说明

僵尸是最悲观、最压抑、负能量最多的人。如果你能想象出雨天被困在阴暗潮湿、发霉腐臭的地下室是什么样的心情，就能明白僵尸有多讨厌。他们不知疲倦地抱怨、发牢骚：电视上什么好看的节目都没有，午饭很难吃，这部电影烂透了，某某朋友真差劲。总之，没有一件事能让僵尸满意。

你听说过“同病相怜”吧？这话对僵尸来说特别适用，他们总是在寻找一个能接住他们负能量包袱的人。听的人越多，传播出去的负能量就越多，苦恼的人也就越多。

必杀技

最开始，你会觉得僵尸没那么可怕。他们动作迟缓，又笨得要死，走路踉踉跄跄，你轻而易举就能甩掉他们。

问题在于，僵尸会从四面八方蜂拥而至，而且，他们永不停歇。他们不断地涌过来，很快走投无路的你只能躲到肮脏的壁橱里，抱着仅剩的两颗炮弹，而僵尸们在门外嘶吼着，拉扯着门锁，想要吃掉你。

嗨，我就是吓唬吓唬你。但现实生活中的僵尸的确是不得手决不罢休的。一开始他们并不会影响到你，但过了一段时间，他们无处不在的抱怨、悲观以及控制，会让你觉得疲惫不堪，无法呼吸。很难说清楚为什么悲观的情绪如此有诱惑力，就像墨西哥辣椒片和夏威夷比萨一样，虽然说不上好吃，但吃了就停不下来。

不知不觉中，你也学会了像僵尸那样抱怨、发牢骚。糟糕！你被感染了！更要命的是，现在你也会寻找快乐的人和总是欢声笑语的孩子，用你愚蠢又危险的痛苦去侵袭他们。一个不小心，他们的冷漠就会压垮你的精神，他们的负能量会啃噬你的大脑。而现实是，没人愿意自己被吃掉，所以，我们得谈谈。

如何打败僵尸

很简单，用 12 毫米口径的枪爆掉他们的头。这个方法屡试不爽。

等等！我想起来了，那是电影，真对不起呀。在现实世界中，要想掌控自己的生活，千万不能向别人开枪。切记！一旦你这么做了，就公然违反了第二条准则。在现实生活中，最好的办法就是别委屈自己、迁就他们。

虽然下面我要说的话不怎么中听，但你必须明白，每个人都希望自己的生活能轻松快乐，没有病痛，没有悲伤，永远无忧无虑地在阳光普照、开满鲜花的草地上和小狗嬉戏。但实际情况是：糟糕的事情总会发生。

所有人都是如此。谁都不可能总是一帆风顺，人生免不了挫折和痛苦。僵尸的问题在于，他们认为世界上只有他们倒霉。所以他们成天自怨自艾，四处倾诉，其实不过是为了满足自己的私欲。坦率地说，僵尸其实很可悲。他们就是不明白，也意识不到，想要掌控自己的生活最重要的是什么。

最重要的不是发生了什么，而是你应对的方式

前段时间，我在堪萨斯州差点被国家安全局的人抓走。当时我刚作完一场演讲，到机场后看到安检口的人特别多，大家推推搡搡的。我把包放到安检传送带上，然后旁边一个戴着白手套的人问我，是否可以进一步检查我的包。

“没问题，”我说，“检查吧。”

我真搞不懂，这不是逗我吗？要是我说：“不行！我的包明明已经扫过了！”难道他会好声好气地跟我说“嗯，西普先生，只是再确认一下”？

我看不会。我看倒是会有从天而降的“特种部队”，将我摁倒在地，把我从头到脚仔仔细细地检查一遍，就连内裤也不会放过。

我可不想给自己找难堪，只能让他检查。于是他拿起我的包，放到旁边的灰色机器上，又拿出一把像镊子一样的东西，然后用那玩意儿夹起一块类似酒精棉片的东西在我的包上来回擦。

接着他把那块棉片放进另一台机器，结果机器……

嘀嘀嘀，响了起来！

这一定有问题。机器响说明我的包里检测到了爆炸物。

那个戴白手套的家伙皱了皱眉头，包里要是没有违禁物，按理说机器

不应该响。“包里是不是有什么东西，你没告知我们？”他说。

“呃……没有哇！”我很配合。

于是他又操作了一遍。

嘀嘀嘀！

他又皱了皱眉头，不安地瞥了我一眼，然后拿起对讲机，大声说了些我听不懂的暗语，然后我身边突然出现了一群穿制服的国家安全局工作人员，他们围住我的包，就像小孩子玩丢手绢游戏那样。

他们打开包，仔细翻看里面的东西，众目睽睽之下，我真是太丢人了，因为演讲时我会用道具。他们先是从我的包里拉出一串假树叶，接着他们又翻出一只黑白色毛绒狗，演讲时我会假装它是我的宠物，跟它对话。这还不算，最后他们当着所有安检人员的面，拿出了一只枕头大小、栩栩如生的海绵宝宝。无论我去哪儿，都会带上这只海绵宝宝，它是我的好伙伴。嘿，别笑话我！

他们让我去透明玻璃隔间里等着，我记得有位老太太从玻璃间走过时，冲我摇摇头骂道:“有病！”

真倒霉。

最后，他们确定我并没有随身携带核武器，便放我走了。

“祝你飞行愉快！”戴白手套的安检人员边说边把海绵宝宝和包还给我。

这一番折腾差点让我误了飞机，还搞得我整个人非常紧张，但这事就算过去了。虽然被耽搁了20分钟，但我总算赶上了飞机。飞机上只有一个位置是空的，那肯定是我的座位。我坐下来，瞥了一眼邻座，那家伙梳着一丝不乱的头发，穿着短袖格子衬衫，戴了副眼镜，眯缝着眼。

“你好。”我跟他打招呼。

要知道，就在几分钟前，我被安检人员搞得颜面扫地。说什么我也没想到，这个家伙会这样回应我。他满嘴脏话，不堪入耳。虽然我还是会告诉你他到底说了什么，但我会用 ×× 来代替所有的脏话。准备好了吗？他是这么说的：

“我要你扯下我 ×× 的头，把我 ×× 的脑子扯出来，把 ×× 的我的脑子甩到地上，再把我 ×× 的头重新接到我 ×× 的脖子上。”

听着真吓人！我问他还好吧，他说没大碍，就是头痛得要命。

头痛？拜托！

那次飞行经历，从一遍又一遍地检查行李到邻座那个头痛的家伙，都在提醒我，生活中最重要的不是发生了什么，而是如何去应对发生的事情。我们能决定的只有我们的态度。

态度是我们有意识的选择。事实上，态度是为数不多的，我们可以完全控制的因素之一。

面对那个无缘无故冲别人“口吐芬芳”的邻座，我完全可以大发雷霆。我可以说：“哦，是吗？你以为今天就你倒霉？我告诉你，我刚刚被耽误了 20 分钟……”但我没有那样做。

在那种情况下，也别指望我会高兴地站起来大喊“这真是太好了！”因为根本不现实。但是，在困难的情况下，知道将来有一天自己一定会从这段经历中找到一些积极的东西，这才是一个正直的人该有的态度。

僵尸每当遇到困难就想放弃。（对于僵尸来说，每件事都很困难，比如说收到的生日礼物不是自己想要的那匹小马，他们就会非常沮丧。）很多时候，他们虽然嘴上没说放弃，但实际上心里已经放弃了。

正因为如此，如果你能勇敢地面对僵尸，他们并不会对你构成太大威胁，他们并没打算抓你。僵尸需要的是同病相怜的感觉。他们需要关注，他们觉得自己悲伤又孤独，希望有人能陪着他们一起悲伤孤独。如果他们把肮脏的胳膊甩向你，想把你打倒在地，那只是因为他们希望你能以他们的方式看待你自己的生活：那感觉估计跟在撒哈拉沙漠里滚粪球的屎壳郎差不多。如果你明确表态，不愿意跟他们“同流合污”，成天自怨自艾，僵尸就会主动放弃，毕竟他们最擅长的就是放弃。

但我要提醒你，他们并不会停止抱怨，只不过不会在你跟前抱怨。

生活中总会遇到可怕、困难、令人不快的事。有时你会很痛苦，根本无法保持积极的心态。但一定要试着这么做。也许你无法改变自己面对的情况，但你可以改变自己的视角，你甚至能从中学到不少道理。

如何拯救僵尸

有些僵尸其实就是想找人倾诉。也许他们原来是个很正常、很快乐的大活人，突然间就变成了行尸走肉，他们甚至不知道发生了什么。也许他们把事情说出来就好了。我告诉你一个跟僵尸讲话的诀窍，就是把话题从僵尸的“问题”上转移到其他方面。让僵尸跟着你的思路走，聊聊生活中值得感恩的事，这绝对是最好的办法。

这是为什么呢？因为乐观是可以传染的，感恩也是可以传染的。跟打哈欠一样，很容易传染。只要僵尸开启“怨妇模式”，就想办法把对话引向积极的方向。这并不是要你像个白痴一样咧嘴傻笑，喋喋不休地说一些无关紧要的话。你可能只需要提醒僵尸，事情完全可以有另一种可能。比方说，假如一个僵尸抱怨公交车晚点，或者连着三天都是阴雨天，你可以礼貌地提醒僵尸，比起父母死于艾滋病并发症的非洲孤儿，他有多幸运。

或者，你也可以告诉僵尸有哪些解决方法。比方说，僵尸一直在抱怨家庭作业难，抱怨老师有多讨厌。你可以问他一些问题，通过回答这些问题，你和他可以改变现状。也许他会非常感激你，也许他会着手寻找解决方法，而不是像一只病猫一样，喵喵叫个不停。

如果这些方法都不能把僵尸从困境中解救出来，那不如让他们自己待着，特别是眼看他们绝望的情绪就要把你打倒的时候。有时僵尸自己一个人也挺高兴——盯着自己的鞋子，一边踉踉跄跄地走着，一边低吼呻吟着。这时你最好离他远点。

如果有一天这个僵尸能回心转意，恢复正常，你跟他可以再次成为朋友。在那之前，你可别跟着他走进黑乎乎的胡同，这对你们双方都没什么好处。

第 12 章

再见！可爱黏人的“小奶狗”
——延迟满足，不在前进的路上迷失

是的，小奶狗。试问有谁能拒绝一只小奶狗，有谁能拒绝呆萌的动物宝宝？它们跟瓢虫[①]一样可爱，而且它们看起来是那么爱我们。

但实际上，小奶狗可能是魔鬼。它们得空就开始咬东西。它们会在鞋子里、地毯上以及几乎所有你不希望它拉屎的地方拉屎。你得给它们水和食物，得带它们出门散步。你不能让它们自个儿待太久，要是没安顿好它们，你休想出门度假。当然了，它们并不是故意捣蛋，只是需要很多关注与照顾。惊喜还在后面！小奶狗长大后仍然“狗改不了吃屎”，照顾它们可是一辈子的事。

但没人会想那么多，他们看到的只是一只楚楚可怜、招人疼爱的小奶狗。

① 瓢虫在很多文化中象征着幸运。

【种　　类】小奶狗

【真实面目】超级可爱的男 / 女朋友、恶作剧

【任务说明】故作可爱、故作有趣以博得你的关注和关心，让你承担责任和后果

【必 杀 技】在你不知道要付出代价和承担后果的前提下，让你背负责任，占用你的时间，挤占你的梦想

【如何打败他们】提前思考

每只小奶狗都不相同

有些小奶狗也许就是闹着玩，就像你 11 岁时给自己取绰号，可要是一直有人那么喊你，等你到了 21 岁就会觉得非常尴尬；有些小奶狗也许会一本正经，比如在你还没找到稳定的工作，甚至还没弄明白自己是谁的时候，就跟你谈婚论嫁。

事情是这样的：

小奶狗并没有什么恶意

小奶狗并没有恶意，只是按照真实的自我行事，也没有任何问题。小奶狗也许很美好，就像香甜的纸杯蛋糕和阳光灿烂的日子。然而，小奶狗不只会跟你嬉戏玩耍，它会带来一些长期的后果。

而这正是你的软肋。

必杀技

比方说，你交了个女朋友，她比一千个太阳加起来还热辣，你们相处得很融洽。你们无可救药地坠入了爱河，甚至想谈婚论嫁。唯一的问题是你才 17 岁。当然，你们的感情毋庸置疑，可你有没有认真考虑过，如果真娶了她，你必须放弃什么？

仔细听好了，我可不是叫你变得自私，我是要你把事情提前考虑清楚。

你确信自己有能力满足这个女孩的需求吗？你能抽出时间陪伴自己的朋友，培养自己的兴趣爱好吗？如果最后你选择了自己心仪的大学，你能经营好异地恋吗？你会选择一个离对方近一点的大学，以便保持更紧密的联系吗？这是否会影响你的长期目标？你会不会把更多时间用来谈恋爱，而不是追求梦想？你们是否能承诺对方，在结婚前这许多年的时间里一直忠于对方，婚后也是如此，一直到白发苍苍？

你愿意做出牺牲吗？愿意接受后果，承担责任吗？

面对这些棘手的问题，你是不是隐约觉得头痛了？

如果是，那你该按下暂停键了。试着理性地看待这只小奶狗。虽然它并没有错，但它确实会影响你掌控自己生活的计划。小奶狗一般没什么坏心，但如果你每次看到可爱的小狗就急着要买，而不考虑它给你带来的后果与责任，你一定会抱憾终身。

所以，我敢打包票你一定想知道——

如何打败小奶狗

你知道我们脑袋里为什么会有那团黏糊糊的灰色物质（大脑）吗？它的存在不是没有原因的。人类需要思考，长时间、认真地思考。要想驾驭小奶狗——在对的时间选择对的小狗——你需要深思熟虑。要把眼光放长远，要预估可能的后果。

如果只是听凭冲动或情感做决定，那小奶狗就很有可能掌控你的世界。问问自己：“准备好养狗了吗？要是没有，就别把小狗买回家。”

我从小家里就很穷。虽然还没到吃不上饭的地步，但确实很穷。

正因为如此，我很早就下定决心，长大后绝不能因为钱而操心。我可不想将来我的家人因为财务状况不稳定而生活没有保障，承受巨大压力。怎么样，我的思想是不是很高尚？

其实并不是。

因为钱成了我的小奶狗，确切地说，是吸血鬼小奶狗。

我经常会想：“等我有了多少多少钱，我一定会很幸福、很安心，生活也很有保障。”

然后我挣到了很多钱。

结果我又会想：“嗯，不错，但这些还不够。等我有了更多钱，我一定会很幸福、很知足，人也会变得更好。”

目标达成。

可我为什么依然很恐慌？因为钱买不来幸福，虽然人人都这么想，当然也包括我。

钱就是吸血鬼小奶狗。钱本身并没有错。钱是一个中性的概念。钱当然有用，但要想把钱管好，而且用之有度，是非常大的责任。钱应该怎么用？这很重要。

怎么与小奶狗打交道，关键在你。如果你内心强大又自信，如果你愿意花些时间考虑自己可能面对的结果，你就会径直走过宠物店的橱窗，而不会沦为欲望的奴隶。强大并不是你感觉不到自己的欲望，而是要退后一步，花点时间思考自己的行为会带来怎样的后果。就这么简单。

如何拯救小奶狗

小奶狗真好。我可是认真的。它们本身并不是心怀叵测的坏蛋，对社会也构不成威胁。你不妨随它们去，大可不必费力劳心地去拯救它们。小奶狗之所以会带来负面影响，往往是因为时机不对。把小奶狗买回家时，你也许还没有能力应对随之而来的责任和后果。不如再等上一段时间，等到自己足够成熟吧。你还得记住，你和小奶狗紧紧抓住对方不放，这样做并没有任何好处。也许你特别在意的那只小奶狗离开以后，你会过得更好……也许放手会让你很痛苦、很难过，但就目前的情况来看，这么做对两方都有好处。

随着时间推移，你对自己的目标会更确定、更有信心，这时再找一只合适的小奶狗也不迟。拍拍它的头，自信地微笑，一起继续前进吧！

第13章

等一下！你自己曾是个“坏蛋”吗？

当你读前面的内容时，也许会觉得内疚，也许胸口会感到刺痛，甚至浑身上下不停地抽搐！你心里开始七上八下，担心自己也是个坏蛋。

你也许会这么想：“我是不是这样啊？有时我是个吸血鬼？”“天哪，我原来是只小奶狗。”读到海盗那一章时，你是不是正把一个低年级的新生往垃圾桶里塞？你赶紧停下手，自言自语道：“原来我就是那种把自己的快乐建立在别人痛苦之上的人。经过一番深刻反省，我庄严地发誓，从此之后绝不会那么好斗。”

别担心，每个人都会犯错。正如我前文所说，我们每个人的心里都住着一个小坏蛋，即使英雄也是如此。说真的，有些英雄的过去并不光彩。

关键是我们不能犯同样的错误。

第一步，承认自己犯过错

我先坦白吧，我曾经是个坏蛋。对，没错，我确实也是那个起草坏蛋宣言的人。我知道，这听着很讽刺。来吧，骂我是伪君子吧，唾弃我吧。我承认，并不是所有时候，我都在做自己渴望成为的英雄。

我曾经——

☆对我最好的朋友大发雷霆，虽然不是她的错。

☆听音乐会时先走掉，把朋友一个人丢在那儿，因为她让我很烦。

☆用言语刺伤别人的心。

☆吃霸王餐。

☆本垒打大赛时不小心把邻居家的鸵鸟给打死了……然后怕邻居打我，撒了谎。

☆为了让自己感觉更好就欺负别人。

☆当面祝福别人，暗地里却巴不得他们会失败。

☆背后说人坏话。

☆违背自己的承诺。

☆为了上电视节目费尽心机。

☆本应该抽出时间带我的教子去钓鱼却爽约。

☆把金钱看得比别人的感受还重要。

☆哄骗别人按我的想法做事。

☆讨好不熟悉的人，试图给他们留下好印象，而在那些真正了解自己的人面前，则表现得像个混蛋。

☆太自以为是，不愿意对别人说“谢谢”——直到 20 岁我才真正意义上对养父母说“谢谢”。

换言之，海盗、僵尸、忍者、吸血鬼我都做过。对此我并不觉得骄傲，我恨不得现在就停止写作，按住退格键，把刚刚那部分内容全部删除，假装我从来没做过那些事。我想拥有电影《黑衣人》（*Men in Black*）里的那种“洗脑神器”，把这些事情从我的头脑硬盘里删除。但如果自己欺骗自己，假装一切都很好，你就永远也不可能改变。你只会说服自己，当一个坏蛋也没什么不好，然后你会慢慢相信自己的鬼话。

我之所以要在这里自曝丑事，是因为我希望这能提醒我自己，以后不要再做坏蛋。

所以，你也要给自己一个挑战：把自己干过的不光彩的事都写下来。白纸黑字地写清楚，不准擦掉。

不要自己骗自己。承认那些你做过的，恨不得忘记的事，承认你曾经也当过坏蛋。这确实不容易，我知道你根本不情愿这么做。对着镜子看着自己的眼睛，回忆自己干过的坏事，这需要非常大的勇气，但你必须这么做。

承认自己的错误，这样你才能迈出前进的脚步。干过坏事并不能说明你是什么样的人，也不能说明你想成为什么样的人。

它们并不能定义你。

但请记住我在第 4 章讲过的内容，要想成为英雄，你必须遵守英雄信条，不要试图去掌控别人的世界。

而且——

你要跟自己伤害过的人道歉

只要你做过坏蛋，那就不能只承认自己的错误。你还应该找到你伤害过的人，承认自己的卑劣行径，并请求他们的原谅。

是的，我知道，要你跟别人道歉，就跟要你去花园里吃鼻涕虫一样不可思议。但这的确很重要，无论伤害是大还是小。无论是用脏话骂人，还是残忍地把别人的鹦鹉开膛破肚，坏蛋的行为一定会给别人带来伤害和痛苦。也许你并没有意识到你让别人经受了怎样的折磨。

如果你不尊重你的朋友，利用他或欺骗他，那么你的行为会让他认为自己没有价值。不用说你也明白，这是非常严重的伤害。如果你不努力去弥补，他也许会以为你说的都是真的，以为自己根本不值得别人尊重，不值得别人爱。

停止伤害并不够。要向受害者道歉，让他们知道，你已经意识到了自己的错误。他们会认同你的做法，也许还会原谅你。哪怕他们没有原谅你，哪怕他们选择做一个僵尸也没关系，因为你已经做了你该做的正确的事，你已经是一个英雄了。

PART 3 ▶

HOW TO DOMINATE YOUR WORLD

如何掌控自己的世界

第14章

找到你的盟友

欢迎来到你的世界，初出茅庐的英雄。

既然你已经知道了什么样的人是坏蛋，那你也许会发现，你的世界已经彻彻底底地被坏蛋占领了。他们四处发号施令，试图操纵一切；他们阴险又强大，招摇撞骗，搞破坏，无处不在；他们控制了绝大多数人，让这些人俯首听命。是的，你的世界充斥着恶意，坏蛋和危险比比皆是。所以，你的任务是：

走进那广袤的黑暗中，凭一己之力，赤手空拳地杀死如影随形的幽灵、狡猾奸诈的忍者、冷酷无情的海盗、独断专行的机器人、嗜血的吸血鬼、食脑的僵尸和危险的小奶狗。

祝愿你战无不胜，攻无不克，长命百岁……

可事实是，也许要不了15秒，你就“挂”了。

让我们面对残酷的现实吧：面对各种各样的坏蛋，单凭一己之力，你没有一点胜算。所以下面我要说个好消息，叫人高兴的消息，你可得听好了：

你的世界里并不全都是坏蛋

你的世界虽然有很多乔装打扮的坏蛋，却也有很多在关键时刻会保护你的人。你不必孤军奋战。

英雄虽然没有权利掌控别人的世界，但他们可以帮助别人去掌控自己的世界。当然，他们也会帮助你。英雄不仅不妨碍别人，英雄还得互相帮助。

英雄是你的盟友、帮手、导师、老师、知己、伙伴，随便你怎么称呼，总之，他们对其他人抱有普遍的善意，你一下子就能分辨出他们是不是自己人。盟友会给你提供各种形式的帮助，他们有一个共同点：对他人无私关怀。盟友不仅能掌控自己的世界，也有对付坏蛋的独门秘籍，所以他们很愿意帮助你。他们其实就是乐于助人的热心英雄。

孤军奋战你永远不会得胜

我可是认真的。你需要别人的帮助，在跌倒时能有个人拉你一把，帮助你重整旗鼓。如果你像山羊一样敏捷灵活，几乎从不跌倒，也很少犯错，那也别狂妄自大。人们常说“骄兵必败”，这话自然有它的道理。你应该帮助别人，别人会因此而感激你，你也会成为一个真正的英雄。而且，你终归也会遇到挫折和打击，在人生的至暗时刻有人可依靠，那种感觉很好。

无论你的目标是什么，要想实现它们，离不开别人的帮助。所谓“白手起家”不过是个神话。微软不是比尔·盖茨一个人努力的成果；光凭迈克尔·乔丹一个人也不可能击败湖人队，公牛队自然也拿不了NBA总冠军；而没了其他人的帮助，爱因斯坦也不过就是个头发乱糟糟的聪明家伙。

“你得自己做”是个彻头彻尾的烂主意。说真的，无论你想学什么，你想做什么，最好的办法都是先找个导师、教练，一个能鼓励你、支持你，有过亲身经历且吃过苦头的人。

反正要是没有导师，我的生活会很糟糕。

我跟一帮朋友每周会一起跑 40 英里。是的，我是“野兽型”马拉松跑步选手。现在我再也不用穿超大码牛仔裤了。我第一次跟这些人出去跑步时，其实只是想找一些跟我差不多大的朋友，每天躺床上玩玩游戏，吃吃垃圾食品。说真的，我特别喜欢薯片。但这些人一直在敦促我做出改变。

重点并不在于我们究竟跑了多远，而在于整个过程非常有意思，而且我现在跑步一点都不喘了。大家在一起天南海北地聊，热热闹闹、高高兴兴的，有什么就说什么，也会互相鼓励。这些家伙有的成了我最好的朋友，他们每一个人都教给了我一些重要的东西，比如如何做一个好朋友，如何建立自己的家庭，如何经营人际关系和事业，如何应对失望，还有，凌晨 5 点的城市是什么样子。

我的妻子萨拉教会我信任；而我所知道的一切道理基本上都是养父母教的，如果他们需要肾移植，我会毫不犹疑地捐出我的肾；杰米·奥利弗教会了我如何平衡好工作和生活；弗兰克·柯恩告诉我，怎么说别人才肯听；科克是我最好的兄长；Dot&Cross① 的伙伴们比我更有远见。

重点是，你需要一个导师、一个教练，也许是一个团队。至少你得找到这么一个人，他能把你想做的事情做得非常好，或者过的就是你渴望的生活，这样的人才能教会你如何实现目标。

那么你如何才能接近这样的人呢？通过社交媒体联系他们吗？那可不

① 作者所创建的公司。

行。你会给他们打电话，发电子邮件吗？“嘿！我是某某小孩，你好哇！”

你应该这么做。

第一步：优秀的人一般都很忙，别浪费他们的时间，等你把思路理顺了，想清楚了再联系他们，而且语气一定要谦逊。

第二步：要提前制订计划。开门见山地说清楚自己是谁，为什么认为他们很优秀，自己想向他们学习。如果对方不介意的话，可不可以发邮件问他们几个问题。

第三步：继续经营你们之间的关系。请他们喝咖啡或吃午餐。这钱准保花得值。

善待你的盟友。不要只期望他们支持你；在他们需要帮助时，你也要支持他们。

通常，盟友提供的不仅仅是帮助，他们还能防止我们精神上出问题。

下面来看看前人的教训：

1935 年，霍华德·休斯（Howard Hughes）才 30 岁，却已经是世界上最富有、最有名的人之一了。他一手创立了一个专门制作大片的电影公司并亲自执导多部电影，你可以把他当成是布拉德·皮特（Brad Pitt）与史蒂文·斯皮尔伯格（Steven Spielberg）的结合体，他就是那个时代的超级名人。只要自己想做的事，他都去做，无论那些事有多冒险、多奇怪。比如，他突发奇想要驾驶飞机并打破飞行速度纪录，他就真的去做了；再比如，他想开飞机环游世界，他也确实做到了。

然而，随着时间的推移，休斯变得孤僻起来，精神也出现了一些问题：他在身边摆满一盒一盒的面巾纸，然后不厌其烦地把纸盒摞来摞去。他开始对止痛药、可卡因和吗啡上瘾，精神也越来越不正常，最后干脆过起了与世隔绝的生活。他不许佣人看他的眼睛，反复播放同一部电影，他把那部电影足足看了 150 遍，他一年只剪一次头发和指甲。

这不能说是一个好的结局。

虽然他名利双收，创立了电影公司和飞机公司，约会过无数好莱坞明星，但人们也记得他孤独终老的后半生。他并不是一个英雄，因为他未能掌控自己的人生。那么，霍华德·休斯给我们带来哪些启示呢?

有句话是这么说的:“如果你想单独行动，你就得独自承担风险。”

还有句很出名的话是这么说的:“同生不共死”。如果你真的想掌控自己的世界，那一定要和朋友保持密切的联系。

单独行动可能会给你带来危险。

第 15 章

如何建立身份

在你的世界争夺战中，身份是你最重要的靠山。只要拿下这个山头，其他事情容易得多。要是你胆敢忽视这个问题，那么迟早有一天，你会被坏蛋打得落花流水。

你最有可能遇到的坏蛋： 幽灵、吸血鬼、忍者

为什么这个问题如此重要？因为——

你的身份本质上就是你是谁

你认为自己是谁，你认为自己的能力如何，这些问题的答案共同构建了你的身份。你对自己的认识也许是真实的或虚假的，它能让你更自信或更自卑。

而你的行为以你对自己的认识为基础。

因此，如果你的头脑被幽灵所支配，它告诉你，你没有价值、没有希

望，也不够好，那你的自我意识就会被完全抹杀。当你开始相信这些谎言，把这些标签看成事实，你的行为也会与这些谎言和标签相一致。你在毫不知情的情况下学会了伤害自己。很快，你就会变成忍者、吸血鬼、海盗和僵尸唾手可得的猎物。他们掌控了你，而且他们巴不得把你的生活搞得一团糟。

好吧，又到了忏悔时间：

我也许不会有今天

对我来说，身份这个话题是个特别私人的话题。读过前面的章节，你可能已经知道了我的童年非常不幸，这导致我的青少年时期也过得很悲惨。因为我的过去，我在寄养家庭长大，被人忽视、伤害、虐待……于是我就用过去痛苦的经历来给自己贴标签，来定义自己，它塑造了我的身份，并决定了我认为将来自己会是什么样的。

我至今还记得曾经有个人冲我喊："乔希，你是个废物，是个寄人篱下的孤儿！你一辈子也不会有出息，你就这德行了。"嗯，好像是这么说的，我还记得那个人的样子。可悲的是，就在那一刻，我居然心甘情愿地让这些话成了自己的标签。"是，没错，我是个废物，是个寄人篱下的孤儿。我一辈子也不会有出息，就这德行了。"这些话是如此有分量，我相信了。

既然相信，我就表现出来了。我成天在班上耍宝，处处跟人对着干，跟养父母又打又闹，什么事都敢做。实际上，我当时很厌恶自己。有那么一段时间，我甚至想过自杀。

事实是这样的：50% 的寄养儿童会坐牢、死亡或无家可归。老实说，那本来也可能是我的归宿。

但后来有那么一个时刻，一个在当时的我看来微不足道的时刻，改变了我的人生轨迹。那年我 18 岁，正处于人生最低谷。我患上了抑郁症，觉得自己没有任何存在价值，我拼命花钱，好让自己不那么难受，当然，那些钱都是支票透支得来的。没多久，局面就变得失控，最后我被警察关了一晚上。现在回想起来，真是胆战心惊。但事实是：很多时候，只有到了不堪忍受的境地，我们才有动力改变。如果不遇上一些困难和阻力，没有人愿意做出改变。你要么故步自封，要么一边动摇一边叫喊："去他的！这样下去可不行，我得换个活法。"我已经堕入了人生的谷底，当时在客厅里，我的养父母看着我的眼睛，只对我说了一句话："乔希，你不是我们的问题，你是我们的机会。"我肯定地告诉你，我的养父母只是稍稍地帮我转换了一下视角，却永远地重塑了我的身份。

有趣的是，在这之前，我的养父母可能无数次对我说过这样的话。但说实话，我经常会把他们的话当耳边风。可就在那一刻，我不仅听进去了，也坚信他们说的就是事实。

他们一直在鼓励我，坚持不放弃我，我非常感激他们。因为我能有今天，都要归功于微不足道的那一刻。

我本是个无家可归的孩子，现在却能帮助别人。

身份是可以改变的，而我就是活生生的例子，你可以改变对自己的看法，改变一切。

接下来，我想问问你：

你是谁？

这个问题只有三个字，看似很简单，回答起来却很难，尤其是对年轻人而言。我们的身份是以我们的个性和经验为基础来塑造的，年纪越小，能用来塑造身份的经验就越少。你也许会觉得自己就像一个一会儿跳到这儿，一会儿蹦到那儿的氧分子；因为你的个性总是在变，在不同的情境下表现出不同的个性。这没关系。了解自己是一辈子的事。但了解得越早，最终的结果就越好。你也知道，“早起的鸟儿有虫吃”，对吗？这句话在这里同样适用。不过你收获的不是虫子，而是成功和幸福。

聪明小提示：如果你弄不清楚自己是谁，坏蛋就会替你代劳，定义你的身份。千万不能让他们得逞！

我上高中时，班上有个孩子，大家都叫他“臭屁仙”。科学课我刚好坐在他旁边，我很好奇，所以过一会儿就会闻闻他。你懂的，深吸一口气，看看他到底有多难闻。天哪，他得有多臭，不然大家干吗喊他“臭屁仙”呢？

我觉得这就像个科学实验，因为我还要给他的气味打个分，从 1 分到 10 分。

闻一闻，7.453 分。

再闻一闻，8.162 分。

你知道我发现了什么吗？

实验结束了，我发现，他闻着明明挺香的，味道真不赖。我给出了超过 8 分的高分。这已经是很高的分数了，毕竟多数时候我都没那么好闻。

你知道我还注意到了什么吗？他在试卷上，试卷的右上角，写的名字就是“臭屁仙”。

有点搞笑，不是吗？当我看到他的名字时真是乐坏了。可现在我意识到那很可悲。你看到了，他把定义自己的权利拱手交给了别人。最糟糕的是，那个标签并不是事实。

但事情就是这样的，如果你搞不清楚自己是谁，别人就会越俎代庖。

我担心什么？我担心你如果听得足够久，标签贴得足够久，最后你就相信了。你会深信不疑。甚至把那个标签当作自己的名字。

千万别让坏蛋决定你是谁。这么做你就真的太差劲了。你应该自己定义自己，这本是属于你的权利，虽然这挺难。我记得我在中学阶段完全弄不清自己是谁。我不仅肥胖、成绩差，还有点孤僻。但多数人认为我很有趣，而我就喜欢别人这么看我，所以整个人处在比较矛盾的状态。

你大概明白我的意思。也许现在的你跟好朋友在一起时会很放松，很外向；也许你在单位是大家的开心果，机智幽默，妙语连珠。但以前上学时，你会觉得孤独、害羞，也没人能听得懂你的幽默。这看似矛盾，不过请相信我，这种情况非常普遍。每个人多多少少都会有这样的感受。

有些人到了一个新的环境，或者在面对压力时能表现得更好，而有些人则是在大家彼此熟悉，互相了解的情况下才会表现得更好。也就是说，要想发挥出更好的状态，每个人对于环境的要求并不相同，诀窍就在于弄清楚这一切。下面这些基本问题可以帮助你开启自我发现的旅程。

首先，使你区别于他人的是什么？

我们在社交网络上总会看到一些心理测试。这些测试会随机问一些让人摸不着头脑的问题，比如，“如果你变成了一罐汤，你认为自己是什么味道的？”“如果你变成了一块土地，你会种什么作物？”这种问题多少有些浪费时间，不过奇怪的是，有时它们确实也能让你深入地思考。反正重点就是要更好地了解你自己和你的朋友。回答这种问题也有个好处：你会意识到自己跟别人并不一样。好了，别钻牛角尖了，就算有人跟你一样，也希望自己能变成蔬菜牛肉汤，但你们的理由总归不一样吧？

事实上，从你最喜欢的颜色到你最喜欢的迪士尼公主，都能说明你为什么跟别人不同。你们班上有没有同学可以连着打 15 个喷嚏，或者历史课无聊时转笔能好长时间不掉？这些在人们看来是“怪癖”的行为，也正是他们的与众不同之处。

这些行为有时并不会给别人带来伤害，还挺有趣。但有时则会让人尴尬，甚至让人很难办。比如事情要是没按计划来你就会抓狂，再比如一遇到压力你就习惯性地窒息。

无论如何，发现并反思自己的行为模式非常重要。通常情况下，坏习惯说明有幽灵、吸血鬼或忍者在某个地方冲你发号施令。除非你能发现自己行为模式的异常并找到深层原因，否则你只会不断地重复这样的恶性循环。

关于吸血鬼，我要给你一条忠告：

“与众不同”或“独特”并不总是好事，毕竟，谁都不愿意别人觉得自己奇怪或者古怪。但有时我们太害怕被拒绝、被排斥（这是幽灵在作祟），以至于我们觉得自己有必要模仿其他人、冒充其他人来融入环境。比方说，你觉得某某同学很酷，你以为要是自己能模仿他的行为，那别人也会觉得你很酷；于是你就这么做了，你获得了一种归属感和身份认同感。但你要知道，那不是你的真实身份。这就相当于把自己变成了机器人，你说看似对的话，做看似对的事，只是希望自己能被吸血鬼接受。这么做真是糟透了！

听好了，有榜样并没有什么不好。但是，你的朋友喜欢某个乐队、某个服装品牌、某部电影，并不代表你也得喜欢！如果你必须模仿你的朋友才会被他们接受，那他们不是吸血鬼是什么？而且他们也许根本没你想的那么酷。

接下来，你热爱什么？

什么会让你特别快乐，特别兴奋？让你激动地上蹿下跳，手舞足蹈，大喊大叫？

你要留心这样的事，因为它们是你热爱的事。虽然有些爱好会随着时间的推移而改变，但很多会持续一生，所以你应该把那些能让你欣喜若狂的事情记下来。不喜欢的事也要记下来。什么事会让你恼火、让你烦心、让你恨不得撕碎衣服？什么事会把你变得像一只到处扔东西，气得直冒火的黑猩猩？有些不喜欢的事，比如写家庭作业、吃蔬菜，你必须做。其他一些事你得密切关注，因为如果你能弄清楚自己热爱的事，并用热爱点缀生活，同时避免做那些让自己觉得不快乐的事，你就能一直感受到深深的幸福。

然后，你擅长什么？

你要主动观察，什么时候你觉得自己很有能力，什么时候觉得自己能力不足。当有人安排你去领导一整个团队时，你是被吓得瑟瑟发抖，还是觉得自己的形象突然变得高大起来，毫不犹豫地接过任务？当有人要你写一篇文章，谈谈你喜欢的书时，你是毫无头绪地东一句西一句，暗自祈祷没人会看这篇文章，还是像世界飞人博尔特跟六年级学生比赛百米跑那样，一气呵成？

爱信不信，你身上总有一些东西让你与众不同。比如你肯定在某些方面比较出色，虽然在这方面你也许不是全世界最厉害的那个，但至少比大多数人强很多。

想想你的朋友和家人。是什么让你跟他们不一样？你有什么技能是他们没有的？

还有个办法就是直接问他们。你的父母和朋友也许能更清楚地看到你的天赋，不如直接问问他们。说不定你会收获一大堆赞美呢！

但要记住，你是你。也许你妈妈认为你最会叠衣服，但你总不想一辈子都叠衣服吧。所以，要理性客观地看待别人对你的评价。爱因斯坦的小学老师还说他注定这辈子一无所成呢，以前还有人说我根本不懂得如何与人沟通呢。

说到底，什么会让你感到强大，感到有能力，感到自信而充实，什么会让你情绪低落，什么会让你觉得灰心丧气，觉得自己很愚蠢——你自己最清楚。如果有些事你必须做，无可逃避，比如必须上的数学课，那就给自己一些压力。但如果你有选择的机会，比如先上大学还是先工作，那就应该发挥自己的优势，把你不擅长的事情留给其他热爱的人去做。

你的价值观

我想问你：如果你有一百万美元，但你必须捐出去，你会把这笔钱捐给什么组织或事业？当今世界上有没有什么事让你非常愤怒、悲伤，以至你迫切地想改变现状？

我认为，每个人都以自己独特的方式想对这个世界表达些什么。

可能是一场演讲、一本书或一件伟大的艺术作品，也可能是其他的形式。当然，也可能是一颗善良的心、生活中的小窍门、领导力、正义感和诚实。关键在于，你要有东西回馈这个世界。

问题是，世界上绝大多数人都没有学会怎么做。他们过着平庸又无聊的生活，直到生命的最后一刻。

我并不是说你非得成为那些有权力、有影响的人物：政治家、奥运会的参赛选手、舞台上的明星。我是说你必须做自己。要想做自己，要想掌控自己的世界，无论你多有天赋，无论你身在何处，你都应该利用自己的独特之处，利用你的热爱来改变这个世界，传达出信息。如果你能活出最好的自己，那你的人生一定会给他人以激励。

这才是关键，这才是拥有你自己身份的真正意义。我们要弄清楚自己想对这个世界表达什么，然后用我们的生命去表达。我们不能只看到自己，也要看到更高尚的事业，并为之努力。当然，我们一定会遭遇挫折和坎坷，但我们不会放弃。

我绝不撒谎。我相信金钱、权力和名声很有用：有了金钱和权力，你可以帮助别人；有了名声，你可以传递你的信息。

但其实它们并没有那么重要，也没那么有用。你想做什么，想表达什么，比它们更重要。

我先讲个故事：

大卫·约翰逊出生在俄亥俄州的克利夫兰。他家里很穷，总共有四个孩子，他排行老三，还有两个哥哥和一个妹妹。大卫两岁那年，有一天晚饭前他的父亲出门买比萨，结果再也没回来。

对于本就贫困的家庭来说，这无异于雪上加霜。大卫的母亲白天在药店上班，晚上还要去餐馆打零工。大卫和他的兄弟们只能自己照顾自己，为了帮衬家里，他的两个哥哥开始贩卖大麻。眼看生意越做越红火，他们又开始贩卖可卡因和海洛因。然而没过多久，一个哥哥在警方的缉毒行动中被击毙，而另一个哥哥也沦为瘾君子。

大卫向母亲保证，他不会像哥哥们那样。他不想靠贩毒挣快钱，于是在家附近找了一位牧师给他辅导功课，在学校他也特别努力。老师发现了大卫的潜力，认为他对数字相当有天赋，而且还是个极为勤奋的孩子。

但是，对于大卫来说，上大学是门都没有。他母亲挣的钱只够支付房租，解决温饱，大卫也不知道大学要怎么申请。

不过大卫的老师认为他一定会有所作为。她帮大卫申请了大学，还帮大卫申请了符合他家庭条件的奖学金。最后，大卫被密歇根大学录取。奖学金固然能解燃眉之急，但还是不够支付学费和生活费；所以在上大学的四年时间里，大卫还找了一份全职工作。

尽管如此，大卫还是以班级第七名的优异成绩毕业，获得了商科学士学位。

毕业后他被一家《财富》杂志 500 强公司录用。通过自己的努力，他先是做到了管理层，然后是高级管理层，最后一路升至公司的首席财务官，在商业领域这可是极其重要、极其显赫的位置。

他赚了很多很多钱，他有 14 辆车，餐具都是黄金做的，他还让工程师专门给他建了一套能浮在空中的房子。

故事结束了。

通过这个故事，我们知道：大卫的成就超乎大家的想象，他的成功足够励志，然而当他达到顶峰时，故事就停止了。

大卫故事的结局还有另一个版本：

他赚了很多很多钱，搬回了自己小时候住的地方，买了一栋简陋的房子，跟妻儿住在一起。他跟他的老朋友牧师聊了聊，然后共同创立了一个基金会，专门帮助失去父亲的孩子。他把自己的钱贷给当地的一些生意人，这些生意人先是开了一家面包店，接着是一家烤肉店，然后是一家旧式理发店。大卫所在的社区经济开始蓬勃发展。他把简陋的房子又装修了一下，辟出一间宽敞的餐厅。每周有四个晚上，大卫会邀请附近的人来家里吃饭，餐食都是由他和他的家人亲自准备。来参加聚会的客人形形色色，有大卫基金会资助的孩子、克利夫兰的政界人士、面包店老板等，他们聚在同一张桌子旁，享用美味的食物，谈笑风生，融洽极了。

你觉得哪个故事更好？当然，第二个故事里可没有能浮在半空中的房子，可有谁在意这些呢？

就算大卫不回克利夫兰，也没人会责怪他，毕竟他本来就有条件住在巴黎或纽约。事实上，大家都认为，富人就应该留在大城市。

但大卫知道自己是谁。他知道他来自哪里，知道自己是怎么长大的。他知道有成千上万的男孩跟他小时候一样，但因为没有他这样的好运气，最终会跟他的哥哥们一样误入歧途。“来自克利夫兰贫民窟的穷小子，靠努力在商界打拼出一片天地”，这个标题确实很励志，但大卫想要一个更好的标题。简单来说，他不希望自己是唯一一个“成功走出克利夫兰”的人。

那么，你是谁？你打算怎么做？你如何让这个世界变得更好？如果你不相信自己有这个能力，那你就是被幽灵灌了迷魂汤。快去一拳打倒他们。相信我：你的人生会是一个精彩的故事。

掌控自己的世界所面临的挑战：尝试定义你自己。定义自己可以通过写在纸上的方式，句子数量和长短自己把握，但我觉得五句话正合适，你不妨写写看。

第16章

如何与父母相处

哎，父母哇，无论你喜不喜欢他们，在你的世界里他们都占据着重要的位置。很遗憾地告诉你，我们没法选择自己的父母：那两个叫人难堪的“笨家伙”甚至没有征得你的同意，就把你带到了这个世界，而现在，你只能仰仗他们的照拂。

是的，当你满脸皱巴巴地冲进这个世界时，他们就已经在守候你了。每次你拉屉屉时，他们会尽职尽责、认真仔细地给你擦屁股、涂爽身粉，就这样一直照顾到你两岁大。他们要给你拍嗝，给你洗澡，给你提供食物、住所和衣物。当然，他们也毫不吝啬地把一半基因遗传给了你。

他们的确辛辛苦苦地养育了你，但不知道什么缘故，他们的表现让你觉得，你好像欠他们什么似的。

拜托！是他们选择把你带到了这个世界！他们还想指望什么？指望你自己会换尿布？指望你去打猎、去采摘，给自己准备营养均衡的食物？说真的，换尿布、洗澡、喂奶、穿衣服，这些事都是养育孩子必须做的，有了孩子当然更辛苦了！

我怕你比较迟钝，所以我得说明一下，刚刚我用的是“反讽”的修辞手法。事实是，你的父母确实含辛茹苦地把你养大。当然，有时你问父母“为什么非得那么做？”时，他们会回答，“我说什么就是什么！”这确实挺令人恼火，可是，对他们表现出一点尊重你又不会伤到哪里。哪怕他们把事情搞砸了。

他们有时确实会把事情搞砸。但你知道人都会犯错，不是吗？

与父母相处的过程中最容易遇到的坏蛋：幽灵、机器人、僵尸……

大概到12岁时，我们会开始意识到，自己的父母并不完美。在那之后，有些父母与子女之间的关系就岌岌可危。父母并不总是很好相处。当然，有些父母的确很棒，但没有人是完美的。告诉你，在我出生后还不到五分钟，我的亲生父母就“卷起包裹，溜之大吉”，撇下我一个人在医院里哭泣。你也许认为你的父母很糟糕，而我呢，从出生后总共辗转了12个家庭，也就是说，我跟12对养父母相处过。我并不是在怨天尤人，也不想当僵尸，我只是希望你能换个积极的角度看问题。说到如何与父母打交道，我可谓经验丰富。

与其他外部因素相比，父母对我们的个性塑造、人生选择所产生的影响最大。说实话，这挺恐怖的，因为我们无法选择自己的父母。更糟的是，虽然我们不愿意承认，我们其实跟自己的父母很像，比我们预想的还要像。

有时家庭就像一个温床，能孕育出最具破坏性、最具干扰性的幽灵。这些幽灵会不停地告诉你，你哪里不好，你为什么不应该勇敢地尝试。

“你就跟他们一样。”幽灵指着你的父母冲你低声说。

“不，我不是那样的，我跟父母一点都不一样。”你自言自语。

不要误会我的意思，幽灵其实是在说谎。你确实是独特的。但如果你能注意到自己与父母的相似之处，一定会大吃一惊。只有了解那些幽灵，了解你与父母的相似之处，你才更容易摆脱他们的束缚。

爱之深，痛之切

想让别人理解自己，要先试着去理解别人——这是我的人生信条。

这一点至关重要，下面我来说说为什么。

我最近升级做了爸爸，所以对养儿育女这个问题，我认为自己也算有一些见解了。当然咯，我儿子还小，他暂时还不会私藏武器或者学车许可证[①]之类的，也不会在脖子上文身，所以我暂时不用为这些事头疼。可是呢，一旦成为父母，似乎就像顿悟了一样，突然明白了自己的父母为什么会有那样的行为。有些行为说出来一定会让你觉得惊讶。

首先，你的父母想给你最好的。我绝对没骗你，在自己有孩子之前，你是无法体会他们对你的爱的。我告诉你，在我升级为爸爸之前，我完全不能理解他们的感受。然后突然间，我妻子的身体里住了个“小东西”，这个小东西在她的肚子里游来游去，左踢踢，右撞撞。我能感觉到他。有时我会轻拍妻子的肚子，我能感觉到他在里面回应我。

这个小东西继续变大，慢慢地，我能分辨出哪里是他的后背，哪里是他的脚，也能分辨出他打嗝的声音。

几个月过后，伦敦·亚历山大呱呱坠地，他扭来扭去像个小肉球，皮肤下包裹的是极不协调的肌肉。我和妻子说话的时候，他会循声望向我们，即使是刚出生没多久，他也知道我们是他的父母。

妻子刚怀孕的时候我就想，能当爸爸多好哇。我想象着儿子会是多么地崇拜我，我要把他教得像个男人一样，比如教他打拳击，教他怎么质疑权威人物。我把那些关于父亲对儿子来说有多么重要的书，还有怎么让孩

① 在美国，学车许可证是允许上路练车的官方凭证。正式路考前必须获得学车许可证，获得后可在已持有驾照的 21 岁以上成年人的陪同下上路练车。

子把爸爸当蝙蝠侠一样崇拜的书通通看了一遍。

一开始这些书能给我带来启发，但后来我开始思考儿子长大后会出现的种种情况。每当想到我肯定会犯一些不可避免的错误，想到也许每一个错误都会影响他的人生，而且无可挽回，我就非常担心。比方说，假如我给他吃豌豆泥而不是胡萝卜的话，他会不会成不了州参议员？

最让我心碎的莫过于想象他长成一个少年。我相信，他在青春期的表现肯定会比我好，哪怕他只有我百分之一那么坏，我也会痛不欲生。

我认为，每个父母都希望他们的孩子是最好的。每一个父母对孩子的爱都一样的深沉，一样的难以解释。他们都希望孩子健康、快乐、成功且优秀，能追寻自己的梦想。他们希望孩子也能爱他们、尊重他们，无论孩子想成为什么，他们都乐意提供帮助。

只要是诚实的孩子，多半都能意识到，父母做的很多事或者至少是一些事，都值得我们感恩。我从未见过自己的亲生父母，所以我要感谢我的养父母把我抚养长大。当我身处困境时，他们对我很有耐心，他们对我的爱足以帮助我扭转局面。我们都需要一两个对我们深信不疑，并能看到我们潜力的成年人。他们能原谅我们的过失和错误，能看到我们想成为什么样的人：一个英雄。

完美的父母并不存在

但这也不见得是个坏消息。

你看，情景喜剧里的父母都会犯错，虽然每一集结束时都会让大家学到一个教训或者一句至理名言。好像生活中的每一个问题只要半个钟头，也就是一集肥皂剧的时长，或者插播广告的几分钟时间就能解决。

没有人天生就会做父母。在你出生之前，你的父母也不过就是普通人。他们会不耐烦，会说话粗鲁，会做出不明智的举动；他们脾气急躁。他们也犯过很多错误，就像你一样。

你出生后，他们也还是普通人。唯一的改变是他们对你有着深深的、无边无际的爱，但他们通常不知道该如何表达自己的爱，不知道如何才能真正地帮助你。

随着时间的推移，他们会慢慢学着如何做父母，但这可不是件容易事儿。这比拉回一头犟驴，比在五分钟内吃掉一个辣味热狗还难。他们得从一大堆错误中学习，而且要经历很多痛苦和冲突。

痛苦和冲突是人生的一部分。我知道我儿子将面对我永远无法体会的磨难，但我要告诉你，我不希望他犯和我一样的错误。也就是说，为了避免让他陷入我曾面临的困境，为了让他不走我走过的弯路，我宁愿付出我的生命。

你的父母很可能也这么想，这大概是父母的普遍感受。只要了解到这一点，就能让你和父母相处得更融洽。如果你把父母当成坏蛋，因为宵禁、禁足而和他们大喊大叫，争吵不休，那么直到你离开家之前（也许离开家之后相当长的一段时间），你都会觉得很痛苦。

不过，如果你能从父母的视角看问题，把父母当作盟友，你就能从他们那儿得到最有力的支持。

当然，了解父母看问题的视角并不是说他们的思路一定对。事实上，他们的想法可能超级疯狂。我曾经收到过一个女孩的来信，她说她刚拿到学车许可证，然后父亲带她上路练车，可是不准她踩油门，而且明明空间有限，根本没法掉头，还硬让她掉头，在限速 30 英里的路段，他甚至不准她时速超过 20 英里。

“虽然纽约州清楚地规定了怎么开车算‘对’，怎么开车算‘错’，但我父亲显然有他自己的规矩。”她说。

我回信告诉她“你得换个角度想想”，现在我也是这么告诉你的。也许她的父亲遭遇过可怕的车祸，从那之后，无论方向盘在谁手里他都不放心，除了他自己。那为什么他不准女儿时速超过 20 英里呢？或许他高中时看过电影《生死时速》(*Speed*)，从那之后心灵就留下了永久的创伤。

嘿，我可没说他父亲这样害怕是理智的，大多数恐惧都是非理性的。

更可能的情况是，她的父亲很焦虑。学会开车是生命中的重大时刻，而这个父亲也许回想起来的是他第一次抱起女儿时，脑袋里浮现出的种种期待，而现在，他的女儿正在狭窄的道路上驾驶着一吨重的“庞然大物”，迎面疾驰而来的是叫人更加胆战心惊的“庞然大物”。

通过了解父亲的视角，这个女孩可以更好地与父亲沟通。如果她能意识到父亲的感受，以及这一刻对他们俩来说有多么重要，那父亲也许就不那么焦虑了；如果父亲年轻时遭遇过重大车祸，女孩可以告诉他，她永远不想犯那样的错误，请她父亲把驾驶技术倾囊相授，这样做才是更理性的决定。

良好沟通以帮助自己

想要跟父母和谐相处，方法只有一个，那就是沟通。当然，我并不是要你把生活中的点点滴滴、每一个细节都告诉父母；但如果你什么都不跟父母讲，那就等于在给自己和父母设置不必要的障碍，会让你们的相处变得极为困难。

举个例子，我希望儿子能过得比我好，不要犯我犯过的错，不要和我一样陷入非常艰难的境地。

但是，只要他想成为一个优秀的人，就必须面对冲突和困境。如果我帮他挡住一切，那他永远无法学会跨过前进路上的障碍，因为他已经习惯了我为他保驾护航。有时，父母需要别人提醒才能想到，人生本不易，儿女将来还是得靠自己。

最起码，你得忠于自己的目标。告诉父母你的目标是什么，你想成为什么样的人，问问他们能否帮助你实现目标。

基本上，你只有两个选择：

选项一：跟父母开诚布公地沟通。尊重他们，同时也要明白，他们并不一定总是正确，他们只能根据你告诉他们的信息提供帮助。

结果：父母成为你最宝贵的盟友。他们的默认模式是希望你最好，希望你能避免犯他们犯过的错误，希望你成功，希望你快乐。良好的沟通能帮助他们了解怎么做才能最好地表达他们对你的爱和支持。

选项二：父母问你在哪、跟谁在一起时，你撒谎，无视他们的关切。每当他们插手你的事，你就冲他们翻白眼。

结果：你家大门钥匙、汽车钥匙，还有钱都在你父母手里，所以他们很快就会成为你最可怕的敌人。不断的争吵会把你的生活变成噩梦。很快，他们就不再信任你，不会放手让你做任何决定。

我想你一定能看出哪个选项对双方都有利。当然，最后到底选哪个完全随你啦。

珍惜当下

很抱歉在这里跟大家说到疾病，说些伤感的话。就在昨天晚上，我得知一个好朋友的父亲心脏病发作去世了。

虽然我只见过他两次，但每次我都感觉他是我相识多年的老友。他是那种葬礼上每个人对他的赞美都是发自肺腑的人。他领导青少年营地活动，谆谆教诲那些没有父亲的孩子。我跟他交情并不深，但如果我需要他，我觉得他是会克服一切艰难险阻来帮助我的人。

而现在他走了，英年早逝。

他是幸运的。他是我见过最谦逊的人之一，但我想他应该知道，他对女儿、对很多人来说有多么重要。

但并不是每个人都那么幸运。我不知道为什么我们不愿意告诉别人，我们有多爱他们，他们对我们而言有多么重要。我只知道，当我们失去所爱之人时，心里总有遗憾。我们会后悔自己当初什么都没说，后悔没有修复那段关系。

我说这些是希望你能面对事实：你与家人一定会发生冲突，这是事实。你的父母会让你很生气、很失望。但我希望你不要让负面情绪发酵太久，不要让它们把你撕碎，不要让自己沉溺于痛苦和愤怒。

我呢，我甚至都没见过我的亲生父母。而且，说实话，我挣扎了很久才原谅他们，继续我的生活。我可以一整天都坐在那里设想美好的事情："我希望……"也许有些人跟我一样，从未见过父亲；或者在自己很小的时候，母亲就离开了或者去世了。我知道这很痛苦。但不要让你失去的一切成为障碍，阻拦你去热爱你所拥有的一切。

第 17 章

如何选择朋友

自力更生的理念是美国文化的重要支柱。大人教导我们要靠自己，要坚强。无论身处何种逆境，只要我们能让自己振作，单凭一己之力，我们就可以成为任何我们想成为的人。歌里面是这么唱的："这是你的土地，这也是我的土地……这是我们的土地"，差不多就是这个意思。大人告诉我们，我们属于同一个国家，由很多人组成的国家，既然追求个人的利益，那就要靠自己的努力。

这都是谎言。

好吧，至少部分是谎言。"我们可以成为任何我们想成为的人"这句话倒是没错，但光靠一个人努力就能成功，这句话就是谎言。事实上，没人光靠自己就能成功。比尔·盖茨、勒布朗·詹姆斯、奥巴马、谷歌创始人等，如果没有获得别人的帮助，他们谁也无法获得现在的成就。

他们需要很多很多的朋友才能掌控自己的世界，从同龄人到为他们指明方向的导师。还记得吗，这些人都是"盟友"，离开家闯荡世界时可别忘了还有他们。

我们都是环境、教养、家庭、我们所生活的地方、我们的人际关系的产物。可以说，我们周围的一切塑造了我们，我们每个人都不一样。

除去家庭和信仰，朋友对你的影响力最大。无论是 7 岁时最好的朋友，还是跟你一样喜欢《辛普森一家》（*The Simpsons*）的新朋友，他们都影响了你看世界的方式。毫无疑问，我们需要朋友的陪伴，也需要他们的帮助来实现自己的目标。如果你的朋友喜欢吵吵闹闹，那你多半也如此；如果你的朋友喜欢周五晚上安静地坐那儿看电影，那你也很可能这样做；如果你的朋友对你很坦诚，那你更容易从错误中吸取教训。

既然无法选择父母，那和什么样的人做朋友就成了我们一生中最重要的选择之一。

但也别有压力。

聪明小提示：你的朋友 = 你的未来。挑选朋友一定要审慎。

交朋友该从何处入手

既然需要朋友，那当然得先交朋友哇。嘿，别盯着我，规矩又不是我定的。

回头仔细想想，你会发现交朋友似乎是个令人望而却步的漫长过程：还记得你跟最好的朋友是怎么认识的吗？还记得每一个细节吗？记得你们是什么时候跨过了从“熟人”到“哥们儿”再到“铁哥们儿”的模糊门槛吗？

你当然不记得，因为友情的进展并没有明显的标志。我对最好朋友的记忆都是一些片段：某天的深入交流，某次特别的经历……多年下来，我们几乎无话不谈。友情的发展从来不是一件单一的事情就能促成的。

友情不是一件事就能培养的，而是需要很多小事的叠加。我看到保罗·麦卡特尼（Paul McCartney）在采访中提到约翰·列侬（John Lennon）[①]，他们第一次见面时，保罗 15 岁，列侬 17 岁，保罗说他当时并不喜欢列侬。

“他闻起来一股子啤酒味。”他边说边吸溜了一下鼻子。

当然，如果他们就此不相往来，如果他们只记得那一刻，列侬和保罗也就没有机会组建摇滚史上如此著名的乐队了。

要想交朋友，你需要——听了你一定会目瞪口呆——接触“不相干的人”。你可以在各种各样的地方接触到“不相干的人”。下面这些建议和场合供你参考：

☆班级

☆运动队

☆邻里

☆你感兴趣的社团

☆露营地

☆教堂

你不应该考虑的场合：

☆监狱

☆劫犯劫银行时

☆戒毒所

☆恐怖分子培养基地

不要跟坏蛋做朋友。

常见的坏蛋朋友类型：忍者、幽灵、僵尸、吸血鬼、小奶狗

---

① 保罗·麦卡特尼与约翰·列侬均是英国著名摇滚乐队“披头士”的成员。

要想交到朋友，关键是不能摆出一副拒人于千里之外的架势，要显得“平易近人”。比方说，你参加了某个社团，然后你抱着胳膊坐在角落，脸上挂着一副别人都欠你钱的凶恶表情，那大概率没人愿意接近你。如果你老是想把别人甩开，那别人也只能对你敬而远之。当然，我也没让你像一头嘴角流着哈喇子的金毛那样谄媚，你只要保持礼貌的微笑，跟人有眼神接触就行。说一声“嗨”，与别人握手，然后再开始介绍自己，或者礼貌地说“很高兴认识你”。

实在不行，你也可以留心别人的名字。戴尔·卡耐基（Dale Carnegie）在他的《人性的弱点》（*How to Win Friends and Influence People*）一书中指出，一个人的名字是“所有语言中最甜蜜和最重要的声音”。名字有时很难记。要想记住别人的名字，你需要掌握一定的技巧。

第一个技巧是重复。

我:“嘿，我是乔希·西普。”

对方:“我是加里·曼尼洛。”

我说（尽量笑着）:“加里。很高兴认识你，加里。”

第二个技巧是联想记忆。

“加里”这个名字倒是不难记，尤其是如果你喜欢20世纪70年代的软摇滚情歌和蓬松的发型①。而有些名字就比较难记。当听到一个名字时，你会想到什么，想象的内容越生动越好。举个例子，我家隔壁刚搬来的邻居，丈夫叫兰登（Landon），妻子叫凯丽（Carrie）。

兰登听起来有点像《星球大战》系列中的兰多·卡瑞辛（Lando Calrissian），而《星球大战》中扮演莱娅公主的女演员也叫凯丽——凯

---

① 作者此处暗指的应该是美国20世纪70年代风靡一时的软摇滚歌手加里·怀特（Gary Wright）。

丽·费雪（Carrie Fisher）。你也许很不解，兰登和兰多也不是一回事呀，但只要我没把他们的名字记成差了十万八千里的“贾巴”“楚巴卡”就行。看看，记名字还是得讲技巧哇。

如何交谈？

好了，现在你已经记住名字了，下面就要开口问对方问题了。

如果对方很想了解你，那么他会充满好奇地问你一连串问题，这挺好，至少对话能进行下去。我一般会先问对方来自哪里或者上哪所学校，这是个很好的开场，因为这个问题会带出一连串后续问题。问完后要认真听对方的回答，因为它会给你提下一个问题的灵感。

我：“你是从哪里搬过来的呀？”

加里·曼尼洛：“旧金山。”

我：“是吗？我很喜欢那儿，海鲜很多。你平时喜欢做什么运动吗？”

加里：“不，我更喜欢一些艺术活动。”

我：“真不错，你喜欢哪种类型的呢？”

…………

瞧，对话就是这么开始的。对方也可能是个音乐家、摄影师、作家或者演员，如果你对这些职业感兴趣，那不妨再深入地聊聊职业。不感兴趣的话就问些其他问题：你的爱好是什么？你打算上大学吗？你将来打算做什么？总之，你有很多可问的东西。如果对方热衷体育，那就聊聊球队；如果对方对投资银行有兴趣且年纪较小，我就会说，十几岁的小孩居然喜欢金融，你可真不是一般人！当然，你们也可以谈谈奥克兰或者旧金山。

重点在于，只有提出问题，你才能想到更多问题，才能找到双方的共同点。最后你们一定能找到一个彼此都热衷的话题，然后“高谈阔论”一番。到了一定时候，他们也许会问你问题，但不要急于谈论自己。在友谊中，倾听是最有价值的特质之一。

记住：要想别人理解你，你应该先试着去理解别人。

人们喜欢倾诉，更喜欢自己的倾诉能被倾听。要是看到你会认真听他们说话，他们一定非常高兴。有时你甚至什么都不用做，坐在那里点点头就行。如果你是一个好的倾听者，人们愿意追随你到天涯海角。你可能会觉得奇怪，可它却是事实。倾听也许是你最有用的秘密武器哦！而且每个人都能做到。

意想不到的交友方式

当然，也有可能你和对方就是聊不来。这种情况确实会有，也许你和对方没什么共同点。我还发现，有时那些最意想不到的人倒有可能成为我们最好的朋友，俗话说，不打不相识嘛。

如果聊上几次（甚至一次）之后，彼此都觉得谈得来，那你们就会保持联系。有了社交媒体的助力，大家很容易就能联络到彼此，尤其是联络朋友的朋友。这里要给互联网点个赞。

我的朋友乔丹曾经当过兵，他常跟我说起他与战友之间的深厚友谊。跟他处得非常好的那些战友们经历各不相同，兴趣爱好也大相径庭。我们在选择朋友的时候，通常会考虑那些与我们相似的人，不过对乔丹来说，在部队很难找到跟他经历相近的人，所以他的好朋友有来自马里兰州医院的行政人员，有来自俄勒冈州农村的电脑怪才，还有来自印第安纳州的工程师。他们喜欢不同种类的电影、音乐，但在部队，他们生活在相同的环境里，完成的是同一个任务，这就是他们友谊的基础。

你知道我跟我最好的朋友是怎么认识的吗？无论如何你也猜不到。我从五岁起就认得这个家伙，这么多朋友，就属他认识得最久。我呢，在幼儿园里加入了一个小团体，然后他打了我，还把我的脑袋按在草地上摩擦，害得我哮喘发作，结果我被送进了医院。

我们第一次就是这么“交手”的。

现在我们是最好的朋友。是不是很匪夷所思？

其实有些事呢，跟谁一起做都无所谓，比如看电影，即使旁边坐了个陌生人，你也能跟着一起哈哈大笑。但在面临困难和挑战时，我们需要的一定是朋友的陪伴和支持，在这种时刻，你只会让少数人走进你的内心，而这正是朋友的作用。

你也许会在工作中、在学校里结识这样的朋友，但在意想不到的场合所结识的朋友也会成为你最信任的盟友。仔细想想，这确实挺有意思。

下面你将听到的是来自“老母亲”的叮嘱：

不要轻信陌生人

知道怎么跟人攀谈，怎么结识朋友固然是件好事，但你不能把什么人都当朋友。

那个开着没牌照的面包车，主动给你巧克力棒吃，而且提出要送你回家的人很可能是“黄鼠狼给鸡拜年”；那些喜欢在晚上聚到一起往公共建筑物上喷漆写脏话的家伙们也绝对不是你的好榜样。

很多人一开始看起来很友好、很包容，但最后也会露出坏蛋的真面目。记住，坏蛋并不会把他们的不良居心公之于众。即使海盗，也知道让自己魅力四射，好让那些四处寻找朋友、寻找归属感的冤大头们放下戒备。但他们并不会真正关心你，他们只关心能从你那里得到什么。他们要赢得你的信任，然后掏空你的口袋。忍者也是如此。小奶狗会分散你的注意力，占用你的时间。僵尸会把你打倒在地。而吸血鬼——虽然看起来很魅惑——却会窃取你的身份，让你沦为奴隶。

坏蛋喜欢没有安全感的人。没有安全感的人渴望朋友，他们往往还没反应过来到底是怎么回事，就已经“羊入虎口”。

你担心自己也会这样吗？那就转过身直面幽灵吧。那些让你觉得自己不如别人，不值得人爱，不讨人喜欢，活该被人利用的谎言，都应该被彻底打倒，并用真相代替：你是个英雄，你有你自己的故事，没人有权利主宰你的世界。

这让我想起一个说法，我在之前也强调过：

朋友 = 未来

想知道未来几年你会变成什么样的人吗？那就好好看看你的朋友们吧。如果他们在努力地掌控自己的世界，实现自己的目标，那么他们也会帮助你这么做。如果他们辍学、贩毒、成天吃垃圾食品，那这些恶习也会影响到你。你喜欢也好，不喜欢也罢，朋友都会对你产生很大的影响。

不久前，MTV 音乐台打电话给我，邀请我在他们的真人秀节目中担任指导老师。最开始我拒绝了，因为节目的录制时间是十二月和一月，这段时间我刚好打算给自己放个假，在家里休息休息，去海边冲冲浪。

但节目组的工作人员还是把我负责指导的那个女孩的一些情况告诉了我："她的名字叫多米尼克。跟你一样，她在寄养家庭长大。她与养母的关系很好，今年她的养母去世了。从那之后，她就开始出现一些不良行为，而且越来越离谱。学校开除了她好几次，连教养所都不收她，她经常喝得烂醉如泥，打架斗殴。她其实是个挺好的孩子，只不过现在得有个人帮助她改变她的生活。"

"哎！为什么要跟我打同情牌？好吧，这期节目我参加。她住哪儿？"

"匹兹堡。"

天哪！匹兹堡的冬天特别冷。但我还是决定去，因为我想帮帮这个女孩。

我很激动，收拾好行李就飞到了匹兹堡，等到了酒店，我突然收到制片人的短信："想不想听些不好的消息？"

然后他打电话告诉了我很多细节：本来多米尼克因为表现良好，提前一天从少管所出来了。可出来后她的朋友把她约出去灌醉，还让她跟人打了一架。就这样，她又回到了少管所，得在那儿再待上一个月。所以节目没法录制了，她放弃了这么好的机会。

我心里又苦恼、又难过、又沮丧、又担心。

这是什么混蛋朋友？怎么能在她出来的那天晚上喊她出去，把她灌醉？真的吗？真的吗？我是说真的吗？这是个好主意吗？！

这就是问题所在。很多人都想改变自己，但沿当下的方式做事肯定要容易得多。很明显，待在舒适区里更自在。虽然我们也知道自己的问题，但现在的状态更省事儿。

如果你想要改变，那必须与你的老朋友、旧习惯、旧模式保持一定的距离。不要天真地以为你能够顶住同伴压力，事实已经一次又一次地证明：你不能。

你没有帮到你的朋友，你的朋友也没有帮到你，那你们在干什么？只是在瞎胡闹？互相拖后腿？

多米尼克离扭转她的人生和选择主宰自己的世界只有一步之遥，却因为她的海盗/忍者朋友而放弃了这个机会。他们想要毁掉她成功的机会，而她让他们得逞了。

千万不要让这样的事情发生在自己身上。

没有永远的朋友

最开始认识一个人时，重要的是观察这个人的性格，并以“己所不欲，勿施于人”的方式对待新朋友。如果朋友偶尔让你感到失望，也不要轻易放弃，毕竟每个人都会犯错。要宽容大度，要诚实可信。

还有一点你也许想不到：你怎么对待朋友，他们就会怎么对待你。如果你能坦然谈论自己的缺点，你的朋友会欣赏你的诚实，感激你对他们的信任。对于友谊，不能急于求成。有些人更安静、更内向，可能需要一段时间才能敞开心扉。

但选择朋友也不能光看性格。正如前文所言，你的朋友是你最重要的选择之一。好朋友可以是你最强大的盟友，而坏朋友则会把你带入各种险境。对朋友说“不”比对陌生人说“不”更难，特别是对有多年交情的老友。一旦发现朋友在试图控制你，过度依赖你或者哄骗你做一些不体面的事，让你觉得不舒服，及时按下暂停键，重新评估你们的友谊。

如果你的朋友开始表现得像个坏蛋，那你就要跟他们“决一死战”。

注意，重要的不是语言，而是行动。你的朋友也许会告诉你，她会永远支持你，她会对你的秘密守口如瓶，为了你，她甚至愿意赴汤蹈火。结果你发现她把你的秘密说给每一个人听，这只能说明她是个忍者，赶快远离她。

坚持自我！你不需要讨好朋友！

在交朋友的过程中，最重要的是要对自己有信心，要对自己的信念有信心。这又回到了身份的问题，你要知道自己是谁，对自己有信心，有安全感。

如果你只是为了融入群体而改变自己，现在就请停止，我是认真的。

当然，在每一份友谊里，我们多少都会牺牲一些东西，但如果你发现自己的行为与以往大相径庭，或者不得不背弃自己的信念，那事情就不太妙了。记住，掌控你生活的人是你自己，你不需要吸血鬼、忍者或僵尸朋友。在需要听从别人建议时能从善如流，在需要换位思考时能从别人的角度看待问题，这些都没错。但如果你只是盲目地、游移不定地寻求别人的认可和接受，别人一定能看得出来，你也就无法赢得他们的尊重，只会被他们利用。

而且，真正的朋友不会仅仅因为你的想法或者行为方式与他们不同就跟你绝交。表面上来看，他们也许会拿你开涮、取笑你，其实他们会更加尊重你。

以德报怨

要想别人跟你站在一个阵营，最好的方法就是友善地对待他们，这一招用在那些对你有敌意的人身上，同样有效。也许他们认为你是废物，但如果你能以德报怨，最后他们要么会放弃，要么会掉过头跟你做朋友。就像球星科比·布莱恩特，正是因为他后来意识到了自己离不开其他球员的协作，才能带领球队获得 NBA 总冠军。俗话说“好人没好报”，但事实证明，“好人有好报”。

你并不是无所不知

我们常说，一个人知道得越多，就会越发觉得自己无知。我知道，你听到这样的话就烦。

可这话确实很有道理。只有了解了自己的局限性，了解了自己不知道的东西，你才会毫无顾虑地寻求别人的支持。这让我们多一些谦卑之心，也更讨人喜欢。倾听绝对是一种被低估的技能，如果能吸取他人的智慧，我们就能避开别人犯过的错误。

毫无疑问，犯错是任何过程的一部分。但如果你熟悉别人的经历，你就会保持警觉，提前做好准备，那么即使犯了错，也不会演变成难以收场的灾难。从别人的经验中学习，能让你在心理上具有优势。

敢对你说真话的才是真朋友

我知道这挺难接受，但最值得珍惜的朋友往往是那些在我们犯错时最愿意直言相谏的朋友。

在我们表现得像个坏蛋或者傻瓜时，他们就是英雄——敢于直面我们的英雄。

在生活中，往往是冲突而不是成功或奖励让我们变得更好。如果我们身边的盟友能明白这一点，而且在我们越界时能指出错误，我们一定会变得更好，有一个这样的朋友胜过有一百个“好好先生”。

但真正的朋友并不只是批评，他们会指出你错在哪里，伸手把你从你自己挖的坑里拉出来，鼓励你去克服你面临的一切障碍。

真正的朋友不会跟你较劲，而是会陪伴你踏上征程。

第 18 章

如何掌控自己的感情

你想赢得异性的青睐吗？那先把你知道的关于恋爱的一切全都置之脑后吧。

感情中最容易碰到的几种坏蛋：海盗、小奶狗、幽灵

谈恋爱就跟去柬埔寨一样：到处都是地雷[①]，还有很多毒虫毒蛇，但那里风景如画，你会收获一段从未想象过的经历。

也许这是个奇怪的比喻。

我想说的是，爱情既会让人高兴得心花怒放，也会让人难过到不能自已。爱上一个人能教会我们很多宝贵的东西，比如善良、共情、爱，我们会把别人看得比自己还重要。爱情也能暴露我们的黑暗面——嫉妒、愤怒、猜忌。

我并不是故意要把爱情这件事说得很严肃，可大家通常都会觉得爱情是件很美好的事，以致忘记了心碎的痛楚。

① 因为连年战乱，柬埔寨的土地被埋下了数百万颗地雷，被称为“踩在地雷上的国家”。

嗨，我并没打算跟你说“男人来自火星，女人来自金星”①，但性别不同，对待感情的方式确实有很大不同。正因为存在巨大的差异，所以这一章的内容要分成两个部分。女孩子们，如果你能阅读关于男孩子的那部分，你同样能学到很多东西；而男孩子们肯定也想听听我对姑娘们会说些什么，所以也别跳过关于女孩子的那部分，听到没有？

一般情况下，我都是“女士优先”，但这次我真的得跟男士们好好聊聊，所以咱们就先从男士开始。

给男孩的建议

很多人说“男人不坏，女人不爱”，混蛋虽然总是不干好事，却能表现得很有自信，很有权力，女孩们就信以为真。海盗们往往会使出浑身解数以“赢得”那些好姑娘的芳心，但他们不过是为了赢得战利品。

说到喜欢的女孩子，你多半会对对方有所期待。你希望她聪明有趣，能听懂你说的笑话。但实话实说，你肯定也希望她很漂亮。

这并没有什么不对。我也说不清楚男人为什么会这样，可事实就是如此。

但问题在于，女孩子不是这样。当然，她们也会看外表，她们希望你闻起来不会臭烘烘的，希望你穿的是双好看的鞋子。不过，她们真正喜欢的，是一个自信且了解自己的男人，一个能让她们哈哈大笑的男人。假如

---

①《男人来自火星 女人来自金星》1992 年在美国首次出版，出版后引起了巨大的社会轰动。作者以男女来自不同星球这一新鲜、形象的比喻作为他的理论支撑点，即男人和女人无论是在生理上还是心理上，无论是在语言上还是在情感上，都是大不相同的。

这个男人潇洒帅气，那自然更好。但说实话，这对女孩子来说，根本算不上重要。而男人呢，只要女孩脸蛋够漂亮，哪怕她 SAT（美国学术能力评估测试）考出来的分数是个位数，哪怕她毫无幽默感，都不介意。但女孩不这样，如果你是个闷闷不乐、无趣乏味的傻瓜，那你就等着歇菜吧，就算你发型再时髦也无济于事。

你必须认识到这一点，原因很简单，也很震撼：

没有你配不上的女孩

请允许我把这句话再重复一遍，没有你配不上的女孩。明白了吗？把这句话大声读出来，这样才能让它进入你的脑子。

不过我并不是说每个女孩都会喜欢你，而是说值得你喜欢的女孩，并不一定在意你有没有六块腹肌，是不是曲棍球队的队长。只要你自信、有趣、性格好，她就会喜欢你。你听了是不是很惊讶？

聪明小提示：要成为你喜欢的人喜欢的那种人。如果对方喜欢的不是你这样的人，那你看起来再完美，也没有任何意义。

我上高中时有个朋友，他对一个女孩有好感，但害怕被拒绝，怕得要死。这也不能怪他。被人拒绝确实很痛苦——你告诉对方你喜欢她，可她却冷若冰霜地来一句“我只是把你当普通同学”，你觉得自尊被人践踏了——还有比这个更可怕的事情吗？

几年后，通过社交媒体和共同的朋友，他才得知他喜欢的那个女孩对他也有好感。但因为害怕被拒绝，他错过了三次机会，也未能深入了解对方。

戴着飞行员护目镜并不能帮你赢得异性青睐；使用散发着雪松片和狼

獾气味的身体喷雾不能帮你赢得异性青睐；开保时捷不能帮你赢得异性青睐；穿名牌服装，弄个刺猬头发型，把皮肤晒得跟花生皮一样红，也不能帮你赢得异性青睐。

你得这么做才行：

◎保持自信

只要你自信满满，女孩子们就会立刻望向你，心想，“这个男生有些不一样。”自信不是狂妄自大，不是吹嘘自己有多棒，也不是炫耀自己背上背了个小孩还能单手做很多个俯卧撑。自信是坚定、坚强，清楚地知道自己是谁。所以这又回到了身份这个问题，要成为掌控自己生活的英雄。有时我们也会自我怀疑，但真正的自信能驱散这些怀疑。

◎要做一个有趣的人，也要关心别人

要聪明机智，充分发挥你的幽默感。如果有女孩俏皮地揶揄你，你就用玩笑话回敬她（言辞不能刻薄无理，不能太心直口快）。再说一遍，关键词是“自信”。方方面面了解的知识越多，就越容易找到共同话题。更重要的是——倾听，问完问题后要认真倾听对方的答案。把对方看得比你自己更重要，因为这是英雄的做派——优先考虑别人。

◎注意个人卫生

你不需要让自己闻起来像廉价的须后水，也不用穿高档、进口兔皮做的乐福鞋，但你至少得有个样子。衣服要合身，而且，看在老天爷的份上，喷点除臭露之类的。记得刮胡子。你可以说我肤浅，但我只遇到过一个喜欢男人留两绺小胡子的女人，而她自己就留了一撮胡子，真是太“惊悚”了。

◎要做个堂堂正正的人

这么做也许不会产生立竿见影的效果，但它却是你最该做的：要信守承诺，说好去哪就去哪，成为一个可以让人依赖的人；不能懦弱，不能让他人践踏你的尊严，同时也要尊重对方；犯了错误要勇于承认。长远来看，这样做一定有用。

落花有意，流水无情

假如每一条你都做到了，你对那个女孩很好，可她还是不喜欢你怎么办?

那就继续前进吧。你要知道，不是每一个你遇到的女孩都懂得什么是健康的亲密关系，所以有时你努力也没用。浪漫喜剧里的爱情都太理想化，事实上你不能强迫别人喜欢自己。希望她不会受到伤害，这是你唯一能做的事情，也许她将来会喜欢上你吧。如果你喜欢的女孩是一只典型的小奶狗的话，抱歉，就算她是世界上最可爱、最有趣的女孩，你也要克制住自己，至少现阶段应该如此，否则你会遇上大麻烦。这或许很痛苦，你身体里的荷尔蒙在高声咆哮，但你不能听它的，你还有更重要的事情要做。再见了，小奶狗!

给女孩的建议

我所听过给女孩的最好的建议来自一位名叫兰迪·波许（Randy Pausch）的大学教授。兰迪教授患有胰腺癌，在生命垂危时发表了他“最后的演讲”，那是我听过的最鼓舞人心的演讲之一。你应该上网看一下那个演讲，真的，非常震撼。

兰迪教授给他当时两岁的女儿的建议，总结起来其实就一句话:

“想知道一个男人是不是真的喜欢你其实很简单，不要看他说了什么，而要看他做了什么。”

一句话。就这样。

只要你能按照这句话做，就不会被欺骗。

定义一个人的是行动，而不是语言

想想看，如果一个人告诉你他很有趣，可却从来没让你开怀大笑过，那么这人真的有趣吗？

一样的道理，爱情也是如此。一个男人说他爱你，这并不是最重要的。如果他同时跟其他 15 个女孩眉来眼去，他把你看得一文不值，他对你很粗鲁，也从来不给你打电话，或者在精神上或身体上虐待你，这只能说明他根本不爱你！

对不起。真话确实很伤人。

男人往往会犯很多错。我们有一半的时间笨手笨脚，跟榆木疙瘩一样。而且，更糟的是，我们不知道女生在想什么。但如果一个男人总是犯同样的错误，那他多半是不可靠的。无论你有多自卑，也不应该遭受不公正的对待。如果你确实以为自己活该被人不当回事，我想说，你大错特错了。那是幽灵在欺骗你，你得逼退那些只把你当作战利品的海盗，让他们滚吧！

想要分辨出你喜欢的人是不是吸血鬼、小奶狗或忍者并不容易，所以你可能需要一个更清晰的视角。找一个你信任、敬仰的人，最好是一个不那么了解你的人，跟他讲讲，发生了什么事。如果对方在了解了全部之后，告诉你要逃跑，那你一定要为自己着想：赶紧逃吧！

欺骗者不可信

我的意思是，如果一个男人跟你合伙欺骗他的女朋友，那么他也很可能会欺骗你。也许他现在对你很好，但他绝对是个没有道德底线的卑鄙小人。他不知道要信守承诺、要忠诚，他就是个坏蛋。而且，你怎么能跟有女朋友的男生约会？你岂不就是暗中伤人的忍者？你到底在干什么？！

不好意思，我喊得声音有点大。但说真的，收手吧。你让自己很难堪，也在伤害别人，绝对违反了第二条规则。

咱们再回头说说欺骗这件事。如果一个男人欺骗过你一次，那很可能还会有下一次。这与美国司法体系的理念[①]恰恰相反:欺骗者有罪，除非有证据证明他不会再撒谎。但这并不是说欺骗者不会改变，只是你一定得相当警惕。记住，在亲密关系中，行动比语言更有说服力。要让他用行动去证明自己是个“很好的人”，而不要急于为他辩护。

聪明小提示：很多人以为，如果两个人非常相爱，那他们就能读懂对方的心，但事实恰恰相反。把内心的想法、情感和期待告诉对方，这至关重要。

不要一有人对你表示好感，你就打算一辈子以心相许。

要坚持寻找英雄

我知道，有时像你这样的好女孩会担心没人注意到自己。那些漂

① 美国司法体系的理念是“疑罪从无”，是指刑事诉讼中，检方对犯罪嫌疑人的犯罪事实不清、证据不确实充分、不应当追究刑事责任的，应当做出不起诉决定。

亮、轻浮的吸血鬼女孩可能会把所有好男孩都勾走，会永远毁掉他们。要是不抓紧时间谈恋爱，你有可能永远找不到男朋友，甚至孤独终老。

不要担心。就像我跟男孩们说的那样：其实更重要的是性格。随便找个男朋友是一回事，为了维持长期的、彼此忠诚的亲密关系而培养自己的品格是另外一回事，它们需要的是完全不同的技能。

比方说，你对某个男生有好感，但你不确定对方是否对你有意思，那你可以持续关注他一个月。上学时找他说话，放学了跟他在网上聊天，假装漫不经心地在社交媒体上给他留言。如果你们有共同的朋友，就想办法跟大家一起玩，这样你就有接触他的机会。如果他始终没对你表明心意，不要太在意，继续前进吧。他可能确实对你不来电，也可能是缺乏勇气。如果是前者，那你就不必忍受被拒绝的尴尬。如果是后者，也许将来他会约你出去。无论如何，该做的你都做了，你已经尽力了。

不管怎样，不要为了让别人喜欢你而改变自己。忍者和吸血鬼会唆使你这么做，而这么做的结果往往是落入海盗的魔爪。你可以对他喜欢的东西感兴趣，但如果这个男生并不是喜欢你本来的样子，那他根本就不值得你浪费时间。你期待对方能好好地对待自己，但要想把期待变成现实，最好的办法就是做你自己。如果对方接受不了真实的你，那你也大可不必为他流连。

说了那么多，现在我们马上要回到一个男女生都要面对的问题。重磅炸弹来了！

关于性

作为一个妻子美若天仙的已婚男人，我告诉你：性是非常美妙的。读到这里你也许会想，“性？哈哈，乔希怎么用这么个词！这词到底啥意思？”这个时候我建议你最好不要上网搜索。不如把书放下，去找你的父母，听听他们怎么解释。这也许会让他们很尴尬，这可真糟糕，因为你确实到了必须接受性教育的年龄。我真搞不懂，为什么大人总要遮遮掩掩的，好像性是什么见不得人的事。

好了，现在回到我们的话题上，性很美妙，确实如此。但问题是：性只是生活的一部分，而不是生活的全部。很多吸血鬼试图让你相信，性是生活的全部意义。他们真的不正常。

如果把生活中所有的事情都考虑进去的话，性的重要性大概率被高估了。性不会“把你变成一个男人”，不会把你变得跟安吉丽娜·朱莉那样有女人味，它不会让你更成熟，也不会解决你自卑的问题。它没那么神奇。

你可能觉得我是在说胡话，这也不能怪你。要是我上初一时听到这些话，我一定会笑出声来。

十一二岁的男孩很关心性这个话题，我大概也是如此。上七年级时，我加入了学校乐团，负责吹长号。之所以选择长号，主要是因为这样我就能放心大胆地往地上吐口水了。我吹得很好，后来成了首席长号。而首席长号那个位置绝对是偷窥克里斯蒂娜的绝佳位置。我会假装专心地眯起眼睛，盯着坐在那里吹单簧管的克里斯蒂娜，那种感觉特别美好，我甚至会觉得时间好像停下了脚步，而且没人能看得出我在偷窥。

她比我大一岁，很漂亮。每当克里斯蒂娜的嘴唇碰触到单簧管，每当她的手指在单簧管上移动时，我的心里就会涌起一些从未有过的感觉。我渴望着告诉她我的一切，我过去怎样，将来想成为谁。我想告诉她我不知道自己的亲生母亲是谁，还有祖父的离世，想跟她描述西瓜节晚上烧烤的烟味与灰尘混合的香气，描述生活在寄养家庭的空虚——我存在的主要价值就是每个月会给家庭带来一笔补贴。我想把一切都告诉她，因为我知道，如果我允许自己那么做，如果她也允许我那么做，那么她从我的眼睛里就能知道，我说的都是真的，我们注定要永远在一起。我也不明白自己为什么会那么想。

可我不能说。有时我们会恰巧同时走到乐团练习室的门口，那场面很窘迫，我一般会礼节性地说一句“你好”，然后让她先进去。除此之外，我甚至都没跟克里斯蒂娜说过话。但我总是做白日梦。

不上课时，我会和其他七年级的男生聚集在走廊里，他们总爱吹嘘自己的经历。别担心，这些男生根本就没什么“艳遇”，我敢打赌，他们中真正吻过（不是靠玩“真心话大冒险”游戏吻到）女生的不过寥寥几个，但他们总是乐此不疲地吹牛。

“我当然吻过了，”有人说，“大概十几次吧。”

“我看你没有。”

“我当然有。”

“跟谁？”

“你不认识。不过，她真的很性感。今年夏天我和她一起去了夏令营。”

其他人都持怀疑态度。

“她叫什么名字？”

“你不认识她，她身材真热辣，今年夏天我和她一起参加的夏令营。”

其他人半信半疑。

“她叫什么？”

然后他说了那女孩的名字。

“她比我们大一岁。”大一岁这个细节很重要。如果是六年级的女生，那就能加一分。七年级学生？两分。八年级？那差不多就能得满分。

“我大概知道你说的是谁。”

“不，不，不是那个。另一个女孩。一起参加夏令营的。”

“到底是谁？”

“呃……我不知道她姓什么。”

“都到这一步了，你居然不知道她姓什么？得了吧，我看你是满嘴跑火车。”

那个男生坚称他说的都是实话，而我们则认定他在吹牛。一个男生描述得越是绘声绘色，听起来就越可信，而且，如果没人能发现漏洞的话，他就能获得终极权威勋章，那他就有权给别人出谋划策。

终于有一天，轮到我发言了，而我毫无防备。

“你呢，乔希？”有个男孩问。

说实话，我从没吻过女孩——我甚至都没有跟女孩牵过手——但我不能说实话，否则我这个学期靠着开玩笑和搞恶作剧赢来的资源肯定会通通报销。“当然不是，”我对这个问题嗤之以鼻，“我只是不喜欢像你们那样吹嘘。”

我希望他们会为我的自信折服，然后换个话题，或者至少别追着我一个人问，但那天我运气有点背。他们好像确实挺相信我的，可这让他们更加好奇细节了。那些男生想都没想就凑了过来:“和谁？”

“那个女孩呀，”我的大脑在高速运转，“学校乐团的，八年级，很性感，身材不错。”

所有男生都愣住了，他们的大脑好像在搜索乐团里有哪些女生。哎呀，他们会不会知道乐团里都有谁？我突然想起来，有个人的哥哥是吹双簧管的。而且学校里已经发育的女生没几个，根据我的描述，他们完全有可能猜出来我说的是谁。我开始后悔了。

“金发还是黑发？”

“黑发。”

“叫什么名字？”

我决定放弃了："听着，我可没打算告诉你们她的名字。"

他们开始骂我撒谎，其中有个男生看着我，咧嘴笑着说："我知道你说的是谁。"

"你才不知道。"

"我当然知道。乐团里八年级的辣妹总共就三个，而其中只有一个是黑发，兄弟。"

其他人赶紧不作声了。他说的没错。当然没错。这也是为什么我总爱盯着她看，而不盯着其他女孩的部分原因。

"你居然追到了克里斯蒂娜？嘿，兄弟，怎么做到的？"

眼看谎言就要被当场戳穿，骑虎难下的我只能继续编。我尽量补充了一些细节，我从来没撒过这种谎，简直不知道自己在说什么。基本上就是把从其他男生那里听到的故事东拼西凑。我让他们发誓，绝不能告诉任何人，他们也郑重其事地这么做了。

很显然，我压根儿不知道"好事不出门，坏事传千里"这个道理。这事过去不到两天，我就遇上麻烦了。

"你是乔希·西普吗？"

等我吃完午饭回到教室，看到四个八年级的大块头在那里等我。他们表情看着都很不爽，而天真的我完全想不出这四个不速之客是何来头。我压根儿不认识他们，也不知道他们为什么要这样侵犯我的私人空间。

"怎么了？"我问。

"你是不是跟别人说，你和克里斯蒂娜发生了什么？"

听到领头的家伙说出她的名字时，我开始慌神了。

"没有哇。"我心虚地回答，我脸上恐慌的表情充分说明我在撒谎。

"小子，你死定了。"他大吼着，用手指戳着我的胸口，"克里斯蒂娜是我们的好朋友，她可是个很好的女孩。等今天乐团练习结束，瞧着吧，到时有你好果子吃。你可别想跑。”

他一把推开我，带着其他三个人扬长而去，又回头瞪了我几眼。我心里慌得直想吐。他说的对，逃跑根本解决不了问题。那几个家伙人高马大，就像练举重的，而且他们最终肯定能抓到我，要不了几下就能打得我满地找牙。

我也想过，干脆随他们处置好了，但想到要被人打得血肉模糊，在全校师生面前被人羞辱，被人揭穿谎言，我就无法忍受。如果那样，我灰溜溜地回到家后，只能告诉奶奶，我撒谎了，这个谎牵扯到了别人，因此我被打了一顿。奶奶一定会很失望。也许她会认为这是撒谎的报应，我罪有应得。不，我不能让他们打我。

怎么才能替自己开脱？只能去找克里斯蒂娜，希望她能让他们收手。这机会太渺茫。说不定她会跳出来帮他们？她一定对我恨之入骨。我都没脸面对她，更别提求她保护我了。什么样的人才会干出这种窝囊事？

那我只有一个选择了。他们说只要看到我，我就死定了。那我干脆永远别让他们看到我。所以我再也没去上过第六节的乐团练习课。

每天第六节课上课铃响之前，我就躲到学校后面男厕所的隔间里，在里面躲上 10 分钟，等到大家都去上课了，再往大门跑。经过那段大概 50 米长的操场空地时，我得拼命跑，不然很容易被人看见，然后跑到一条水泥排水沟里，因为我是偷偷溜回家的，排水沟能给我打掩护。

那几个为朋友打抱不平的八年级学生并没有打我，但我还是很后悔。那个愚蠢的谎言把我的七年级给毁了，而我之所以撒谎，只不过是为了融入吸血鬼的圈子。

你也许在兴致勃勃地跟小奶狗玩，但我敢打赌你还没做好把他带回家的心理准备。

不管你愿不愿意承认，性都会对情感产生严重的影响。不管别人怎么说，这世界上根本不存在不掺杂一点感情的、单纯的性关系。有时你以为自己全身而退，那不过是因为你不会立刻就感受到性行为带来的影响，觉察到性行为的后果。相信我，影响或后果一定是无可避免的。而且，更糟糕的是，对方往往也会受到伤害。所以，咱们不要做海盗，好吗？

我至今仍然记得人生中的那次“性教育谈话”。那天加里来找我去买菜，我们打算去他家做饭吃。加里跟我并没有任何血缘关系，但他就像我的哥哥，成年的哥哥。他是个好人，是我生命中第一个让我觉得自己很重要的人。我在自己房间收拾一下准备出门，这时我听到他和奶奶在厨房里悄悄说话。不过我也没多想。

到了生鲜超市，我们还像以前一样走走看看，一看到奇怪的食物、奇怪的牌子，我就开始讲笑话，希望他能跟我一块儿插科打诨。可那天加里却异常沉默，好像忘了什么事，正在努力回想似的，也许他今天工作很不顺吧。我们把买好的几袋食物拖到他车上，放到后备箱，然后爬到前排座位坐好，但他并没有发动汽车。

我能听到加里的呼吸声，接着他转头看着我，他的呼吸暂停了一下。

“乔希，有些事我得告诉你，你奶奶希望我们能谈一谈，你知道我说的是什么，对吗？”

加里正寻思着该怎么说，这时我也回过神来了。噢，天哪，他要跟我谈性这个问题了！

我僵住了，我希望这一切能赶紧结束。我本来以为自己可以逃过这场每个孩子都得忍受的谈话——要是叫奶奶跟我讲这些，她不得晕倒才怪！关于性的基本知识，也就是男女的生理构造我都知道。当然，我也想了解其他知识，但我绝不会主动去问，我看大人基本上都是“谈性色变”：脸色发白，结结巴巴。

“嗯，男人和女人彼此相爱的话，你知道‘做爱’这个词吗？”

我不知道该朝哪边点头，就随便点了点头，也许是横着点的，那意思就是说“你说的都对，但我不打算回答”。

“我等了很久，这没有什么不对。等待是个很好的选择，你得确定你们的感情是认真的，确定自己已经准备好了。”他说，“我第一次就是等了很久，我认为这么做没有任何问题。”

这个说法我之前倒是没听说过，这也是我从那次谈话中学到的最宝贵的道理。学校那群男生让我以为，性是一种成年礼，是荣誉的象征，是应该尽快到达的里程碑，就像看限制级电影、学开车一样。如果加里能等，那我也能，而且我觉得这样做没有任何问题。当然，我仍然要对那些男生撒谎，那样我的内心会觉得安全。

性是收容所里最可爱的那只小奶狗。但是，不要逼着我再重复一遍——不要轻易与人发生性关系。我不会在这里大加渲染，说什么性爱是一朵珍贵的百合花，但我敢保证，大多数人都是在没有充分了解后果的情况下就发生了性关系。说到后果，你知道性行为会导致怀孕，而怀孕会带来一个新的生命吗？（这绝不是巧合）

基本规则：不要为了取悦别人而让步，不要改变你的基本原则。如果对方要跟你分手，因为你不按他喜欢的那样做，那就给他点颜色看看，干脆地分手。他就像渴望得到赏金的海盗，像忍者一样操控你。你应该放弃这样的亲密关系，反正这艘船迟早都会沉。在原则上让步只会给你带来痛苦。

关于色情

我现在已经无法想象十几岁男孩的感受了。从人类诞生到现在，每一个十几岁的男孩都要面对分泌旺盛的荷尔蒙和难以节制的欲望，这是青春期男孩必须面对的——你得庆幸自己没在某个原始部落长大，只能靠着一块裹腰布来遮住自己的敏感区域。

现代人要面对的诱惑更多，有些诱惑甚至比半裸的原始部落美女还让人心神不宁。在广告和各种娱乐节目中，涉及性的画面从未像今天这样泛滥。

不过色情是另一回事。你现在能接触到的色情图片和视频如此之多，这在历史上是前所未有的，而这没什么好庆祝的。

不管你对色情内容有什么看法，根据我的经验我只知道：它对于真正的亲密关系有百害而无一利。色情内容会让你对性爱产生完全错误的期待。你听说过“风马牛不相及”的说法吧？色情内容和现实生活中的性爱根本没有可比性。色情内容其实物化和玷污了人类重要而私密的行为。

我要警告你，色情会让人上瘾。就像所有廉价刺激的东西一样——短时间内喝很多杯浓缩咖啡带来的快感很快就会消失，接着你会感到头痛恶心，心理麻木。

我知道那是怎样的诱惑，但我还是要说，尽可能地远离色情。色情是海盗，是给那些没有一点自控力或尊严的孤家寡人准备的。

关于分手

生活中的一个事实是：有些亲密关系就是无法继续下去。所有关系都需要努力和改变，都要求你成为更好的人。你不能一遇到小麻烦，一觉得伤心就放弃，但很明显，有些关系就是无法继续。如果是这样，你应该及时止损，终止关系。我知道这很不容易，但等你将来回头看时，你会感到庆幸，毕竟，“长痛不如短痛”。

分手不能拖泥带水，不要想着先拖上几周或者几个月。向对方解释清楚你的理由，很可能对方会受到伤害，所以要想办法把伤害降到最低。如果没有希望复合，也要跟对方说明白。你不能像5岁小孩玩悠悠球那样，把对方牵在手里甩来甩去。

而且，看在老天爷的份上，请当面分手。如果实在不行，就打电话。永远，永远不要通过电子邮件或文字的方式分手，那样太不考虑对方的感受，太没礼貌，也太伤人，更充分说明你是个让人瞧不起的懦夫。

天涯何处无芳草

如果你曾经“被分手”过，那你应该知道有多痛苦：感觉就像有人把你的脸皮撕下来，用它扇你耳光；就像被饥不择食的食人鱼一口一口地咬死；就像肠子被灰熊啃噬。总之，你的世界陷入崩塌，你觉得没人爱自己，活着毫无价值。你也许再也不想谈恋爱，甚至想遁入空门。分手是最痛苦的经历之一。

在经历了一次痛彻心扉的分手之后，你可能什么东西也吃不下，连续一周都在努力让自己不流泪。这时你最不想听到的话就是“天涯何处无芳草”。唉，这话听着真是叫人反胃。

希望你不是刚经历分手，正在积极修复创伤，如果是的话，请跳过下面一部分内容，以后再看。

海里会游泳的鱼多的是。

池塘里四条腿的青蛙多的是。

沙漠里长耳朵的野兔多的是。

布鲁克林的帅哥靓女也多的是。

…………

人们为什么总爱说“天涯何处无芳草”这种老掉牙的话呢？因为它是事实呀。刚分手的时候，你很难想象自己会再去经历这个过程：遇到一个人，慢慢地了解他，分享你生活的点点滴滴，坠入爱河。但它确实会再次发生，而且仍会给你带来奇妙的感觉，也许这一次你不再以心碎收场。越是年轻，就越是有可能遇到新的恋人。我现在回忆起曾经谈的第一个女朋友，回忆起分手时那种心痛的感觉，竟然觉得非常可笑。我们本来就不会修成正果，但那段恋情让我明白，要想经营好感情，我应该怎么做。在那之后，我能更好地与对方相处，直到最后碰上我现在的妻子。

关于婚姻

我认识一对夫妇，他们已经结婚 30 多年了。他们高中时就认识，两家人住在一条街上。他们有三个孩子，现在就住在离那条街不远的地方。他们的故事感人至深。

他们的故事并不全是风花雪月，岁月静好。任何关系的维系都不容易，没有一对夫妇能一起过上 10 年、20 年、30 年不发生冲突。良好关系的秘诀就是要为冲突做好准备，并接受一个事实：只要能公平地、恰当地处理冲突，那么再小的冲突也会让你和伴侣更亲密。

实际上，这也是人和人之间的关系为何如此重要的原因。我结婚那天，就在我穿上新郎燕尾服时，朋友给了我一条建议：“婚姻也许会让你经历一段最困难的时期，但随着时间推移，你回头看时，会发现自己变得更好了。”

我刚刚讲到的那对高中就认识的夫妇，他们就是无论发生什么都坚持在一起，这样的婚姻在这个年代非常稀缺。说到婚姻，并不存在什么最佳年龄，但在说“我愿意”之前，你得好好了解自己，这样将来就能省去很多辛苦。如果我娶了学生时代喜欢的那个女孩，那我现在的生活一定会大不相同。事实上，可能会相当糟糕。我就不会去追寻我的梦想，我也不会找到现在的妻子，她是那么好的另一半，给我带来这么多幸福。那样我的生活会非常艰难，而婚姻已经够艰难了。但是别担心，一切都很值得。

第 *19* 章

如何掌控校园生活

掌控校园生活不是要你成为学校里最受欢迎的人，也不是要你做最好的学生，而是要你尽全力去学习。

我显然是在开玩笑啦。

不不不，我是认真的。

基本原则：你必须做完你必须做的事，才能做你想做的事。想要在学校里、生活中取得成功，你必须付出努力。这跟爸妈让你先吃蔬菜再吃点心是一个道理。如果你觉得这听起来过于残酷，那就深呼吸吧。其实也没那么残酷，为自己渴望的目标努力，感觉其实挺好，大概就相当于灵魂的体育课。

学校常见的坏蛋： 吸血鬼、机器人、僵尸

记住：

你不必按照别人期望的方式生活

别人期望的方式是指：小学→中学→大学→结婚→生两三个孩子+郊区的房子+狗+你不喜欢的工作，你不必非要按照这个路线走。“大家不都这样吗”并不能成为你随波逐流的借口。记住，大多数人并没有掌控自己的生活。大多数人不是英雄。因此，大多数人并不值得你效仿。

你可以成为任何你想成为的人，做任何你想做的事。

但如果你做不出明智的决定，你的选择将非常有限。

你得提前想清楚

很不好意思地告诉你，你的未来并不是远处隐约可见的一些模糊景象。你的现在就是未来的开始。

划重点：

未来始于现在。毕竟，如果你不知道自己要去哪，你怎么知道自己什么时候能到那儿。学校的作用可远不止这些。总的来说，教育就是让受教育者为某件事做好准备。想想看，你想做什么？蜥蜴养殖者、热气球飞行员、脑外科医生、驯兽师、人类学家、外交官，还是软件开发人员？你想做什么都行。现在再问问自己，怎样才能实现你的目标？这就跟哈利·波特想成为傲罗一样，不是吗？他得参加考试，考到一定的分数才行，否则他就没有资格或者至少居于劣势。你要像哈利·波特那样，努力去实现自己的目标。

与此同时——

要当心机器人

情况是这样的：学校就像一个制造机器人的工厂。

一开始，你得参加标准化考试，把一些小圆圈填满，然后这些小圆圈会被送进一台机器，这台机器会给你的答题卡打分，告诉你，与其他机器人的成绩相比，你的排名如何。每门课的老师都会给你划定一个字母等级，证明你对这门课程知识的熟练程度，而这些字母等级决定了你能不能升到下一级。

最好的机器人能上大学，那是座更精细化的工厂。在大学里，你的数据库会被上传各种信息，你就能计算出怎样才能让自己成为机器人社会中工作效率高的一员。要是你能读最好的机器人大学，你就会获得加分，其他机器人立刻就能知道，你有多擅长运行指令。毕业时，你会排队滚到另一条传送带上，在那里你会得到一张纸，说你是个质量不错的机器人。真是没办法，因为其他机器人会不断提醒你，要想成功，你只能别无选择地走这条路。

之后，你会收到你的第三套机器人制服：一件衬衫和一条领带，女孩则是一条裙子。你带着你的一纸文凭去面试，机器人老板会看一眼你的文凭，然后根据纸上的内容判断你。他会问你一些机器人的问题，比如“你认为五年后的自己是什么样？”“你有团队精神吗？”“你能接受批评吗？”后面两个问题的意思其实是：“你是像我们一样的机器人吗？”“你会听我们的话吗？”

如果你的回答让机器人老板满意，你就会得到这份工作。老板会告诉你，什么时候上班，上班时要做些什么。然后每天早上你都要开机，接着辛苦地赶往巨大的等待坪，那里会有很多机器人小隔间，既没有天花板也没有门，这样其他机器人就知道你有没有偷懒。工作时你得保持状态稳定。按照写入的指令，你只会说机器人语言。当其他机器人问你星期一过得怎样时，你必须说："我能说什么呢？那可是星期一。"如果是星期四，你必须回答："我能说什么呢？星期四过完就是星期五了。"你可别指望我说"驼峰日"①，那就没意思了，机器人可不会这么说话。

但任何时候，你都可以改变你的生活，不是吗？你可以退出，去做你喜欢的事情！但最终，也许你还没来得及做什么，程序就把你接管了。你甚至会为自己找借口，辩解说你落得这般下场不是你的错。毕竟，你只是按照写入的指令做事。哦，当然，在执行指令时，你也许会在这里那里遇到一些程序上的小故障。它们通常被称为"中年危机"。中年危机是一种感觉：你觉得必须走出现在的生活，为自己的热爱所活，让自己有所成就，让自己的人生能留下些什么。大多数机器人并不会听从这种本能的呼唤。他们只是买了一辆跑车，然后感觉自己又年轻了。但很快，他们又会回到生产线上，麻木地启动程序，浑浑噩噩地度过又一天。

说实话，这个世界需要机器人。因为总得有人去做那些不需要动脑子的、极度乏味的工作。否则，那些数据谁来输入？那些成绩谁来计算，报告谁来存档？电话怎么按照正确的顺序来接听？谁来考勤？谁来高效地决定哪些机器人应该多拿钱，拿多少钱？运气好的话，你也许能额外多拿些钱，这样你就可以买崭新锃亮的机器人配件了！

总有一天你可能会短路，会出故障。但更可能的是，你会被更便宜、更快、更新一代的机器人所取代。他们会让你终止服务，然后把你扔进垃圾堆，但愿你得到的那些钱能勉强帮你多支撑几年。但这也无济于

① "驼峰日"指的是一周工作日里最中间的那一天，也就是星期三，通常是指一周中最难熬的一天。

事，因为那么长的时间里你都是机器人，除了执行指令，你已经不会做其他事了。

担心也没用。那些事总要做。机器人控制舱仍然会正常运转，就像你根本没存在过。

听了是不是很沮丧？

这并不是说小学、中学、大学不好，也不是说你注定只能当一个机器人。要想掌控自己的世界，大多数时候你得接受某种形式的教育，这至关重要。

我的观点是：在接受教育的过程中，不管你是在读高中、职业学校、大学，还是研究生，你必须——

瞄准目标

很多时候，你得做你必须做的事，将来才能做你想做的事。假如你想当飞行员，那你得学会开飞机；假如你想开公司，那你得掌握一些商业技能和管理知识。

不要别人叫你怎么做，你就怎么做，除非那是实现目标更快、更合理的方法，那你只能照着做。但有时我们确实得越过一些人人都得面对的障碍。

其中一个障碍就是学校。

学校教育会让你感觉自己就像敏捷度比赛里的小狗。你渴望在树林中自由地奔跑，追赶松鼠，在开阔的草地上跟蝴蝶嬉戏。但实际上，主人不仅会强迫你参加洋相百出的狗展，还要把你打扮得跟人一样，让你在斜坡上跑上跑下，穿过帆布隧道。只有这样，才会给你打赏点小零食。

事实是——

学校教育很有必要

我这么说，不是因为我必须得这么说，也不是害怕学校会把我找去谈话，而是因为那是事实。原因如下：

◎原因 1　一纸文凭

我的朋友明迪在花了四年时间获得学士学位后，接着在医学院读了四年，又攻读了三年物理治疗学博士学位。她得到的是三张纸。

它们可不是三张大白纸，而是盖着金印，有校长签名的学位证书。你看，虽然钥匙也是金属做的，但它们跟一般金属制品可不一样，它们可以开门，这三张纸也是一回事，它们就是明迪的“敲门砖”。

这些纸并不能说明你有多聪明，你的道德有多高尚，你的体魄有多强健，也不能说明你多具幽默感。

文凭只能说明，你是个勤奋努力的人。

这也是为什么很多工作都要本科文凭的原因。文凭能够说明一个人愿意承担并完成工作，愿意花时间学习他不感兴趣的科目，说明他为了追求自己的梦想，愿意付出代价。

◎原因 2　你确实也能学到些东西

就像敏捷度比赛中的小狗一样，我们可以从两个角度来看待教育。我们可以把学校看作是一个工厂，在这个工厂里似乎有无数的规矩和障碍，旨在把我们塑造成社会认可的样子。

我们也可以把它看作是一种训练，让我们变得更好的训练，这样当我们最终来到那片开阔的草地时，就能充分利用已有的经验，像闪电一般奔跑、嬉戏，用爪子拨弄野花。

◎原因 3　对你的大脑有益

教育就是把不同数量的有用信息和有时不那么有用的信息全塞到你的脑袋里，它通常会把你变得更聪明。这倒不是因为你学到的那些知识有用，而是因为要掌握那些知识，你必须得动脑子。

所以，即使你对几何证明或者新古典艺术不屑一顾，一天的学习结束后，只要你做了功课，你的大脑可能就会变聪明那么一点点。

掌控自己的生活所面临的挑战：为了让自己在二三十年以后能过上多数人过不上的生活，你是否愿意在接下来两三年的时间里过多数人不愿意过的生活？也就是说，为了将来能做自己想做的事，你是否愿意做你现在必须做的事？如果你的回答是肯定的，那么在未来两三年内，你可以做哪些事情来获取进展？

人们高估了全面发展的重要性，但它对你确实有帮助

在学习的过程中，我们都会碰到自己不感兴趣的科目，但不同的科目能让我们从不同的视角思考。比方说，我们把自己感兴趣和不感兴趣的科目联系起来：20 世纪初巴尔干半岛国家的外交方针和种族冲突是如何点燃第一次世界大战的？也许你对这个问题完全不感兴趣，但历史的教训能让你在医学、编程或其他专业领域获得新的视角。

退一步说，广泛的知识面至少能让你与人更好地沟通。

我从小到大都不喜欢数学。在我的日常生活中，只有在计算消费和申报税务时，我才会用到数学。

几年前，我读了一本书叫《神奇的数字零》（*Zero: The Biography of a Dangerous Idea*），书中谈到了数字零的历史。很久以前，人类看事物时并没有“零”这个概念。实际上，当时人们觉得“零”一点用处都没有。为

什么要有“零”呢？你要么有，要么没有。要是有人问你，你有多少土地，你总不能说“我有零亩土地”吧。

庆幸的是，这本书虽然讲的是数字，但并没有涉及太多数学知识。

在那之后，我遇到了很多喜欢数学的人，看起来我跟他们没什么好聊的，于是我只能提起那本书，结果引发了精彩的对话。这本书把我感兴趣的科目（历史）和我的盲点（数学）联系起来，现在又把我和这些朋友联系起来，如果没读这本书，我永远不会知道他们原来这么厉害。这是不是实现了共赢？

嘿！老师们！别管那些孩子了！

当然，教育不可能总是有趣。我们都碰到过这样的老师，他们就像酩酊大醉的树懒，没完没了地唠唠叨叨，而有些科目则有做不完的作业，把我们淹没在书山题海中。

不好的老师是最难对付的陷阱，所以我建议你要尽你所能，避开他们。你可以向周围人打听一下，哪些老师、教授特别有学识、有水平，就选他们的课。动作要快，因为这样的老师一般很受学生青睐。

即使有些课程学起来比较吃力，也不要有排斥心理。有时最难的课程才是最好的课程。我的朋友肖恩，学习成绩并不是特别好。虽然他的 SAT 分数是我认识的人里面最高的，但高中毕业时他的平均学分绩点（GPA）只有 2.6。

高三那年，他选了全校公认的最难的课程——英语文学。老师要求学生在暑假期间读完推荐书单上的四本书，其中就有安·兰德（Ayn Rand）的《源泉》（*The Fountainhead*）。如果你没读过，那我不妨告诉你，这本书堪称鸿篇巨制，足足有 1596 页。这本书讲的是一个建筑师的故事，大部分内容围绕着哲学概念“客观主义”展开，这真的是一本很难啃的书。

在一年的时间里，除了 12 部莎士比亚戏剧，肖恩还读了一系列其他文学作品，每周要写三篇论文。这是他上过的最难的课程，可能比我学过的所有课都要难。

选这门课的学生总共 30 个，还都是成绩比较好的，可学期结束时，只有三个人得到了 A。肖恩就是其中之一，要知道，他高中各门课的平均成绩是 C。

虽然肖恩决定当一名作家是很多年以后的事了，但那门曾经让他苦不堪言的课程给了他很多激励。对于一个不喜欢太忙碌太辛苦的人来说，这门课程给他带来的冲击正是他所需要的。

如果你不是上学那块料

有些人就是适合上学，他们能及时地将堆积如山的功课做完，一刻都不拖延。他们就像传送带一样，不断地生产出等级“A”的成绩。他们倒不一定是机器人，只是很擅长把大脑锁定在某个目标上。

而有些人似乎就是很难适应学校教育。人和人毕竟不一样，大型的公立学校和私立学校似乎只适合少数人，这些人最喜欢在周六晚上埋头苦读。我的朋友肖恩是我认识的最聪明的人之一，但他在学校里也只是普通的一员。

如果你担心自己的天赋被埋没，那请记住，你还有其他选择。你应该先跟你的导师谈一谈，但如果你的学业表现就是不好的话，你还可以选择各种各样的替代性学习项目，或者转到一个更注重培养学生学习习惯的学校。不确定应该怎么办的话，不妨和你的父母开诚布公地谈一谈你对所在学校的担心。

并非每所学校都是机器人制造厂，尤其是当你作为一个独立的个体脱颖而出时。

第 20 章

如何掌控自己的职业道路

真的有人想去工厂工作吗？请举手！我来数数看。好吧，既然你们真心想去那就去吧。剩下来的人，想想清楚，你们将来想要做什么，现在就要做好计划。

成年人平均每天有 14—16 个小时是醒着的，而其中一多半的时间都在工作。但也有些明显的例外：有些人不得不做两份工作来维持生计。有些人根本不工作，就靠信托基金赚的钱生活，成天守着自己的“小金库”，算账数钱，像守财奴一样。还有些人住在父母家的地下室，直到他们的亲妈把他们赶出去。

通过上面的计算，我们不难发现，每个人一辈子平均 33% 的时间在睡觉。如果把周末计算在内，那美国人平均有 34% 的醒着的时间在工作。

这可占了我们生命中相当大的比例。换言之，既然我们是在严肃地讨论如何掌控自己的世界，那就不得不讨论如何掌控自己的职业生涯。如果无法掌控自己的职业，那么人生 34% 的时间将是痛苦的、乏味的，因为你只是在完成机器人老板分配给你的任务。

职场常见的几种坏蛋：机器人、忍者、僵尸这一章的主要内容是关于如何掌控自己的事业。一定要认真听讲，这可是个大问题，34%，多大的比例啊！

等我长大了，我不想……

如果问小孩子长大了想做什么，他们通常随口就说消防员、公主之类的，因为他们似乎还不知道有其他选择。但随着年龄增长，他们了解到更多职业后，反而不知道该如何选择了。毕竟，工作有成千上万种，更何况，每个种类下面还能细分出更多种。说自己想当教师、医生并不够，你还得知道自己想教哪个科目，甚至是哪个年级，知道自己想看哪个方面的病，是专门治疗大脑的还是脚指甲的，我就是随便举了两个例子。怎么样，选择自己心仪的职业很难吧？听完你是不是想蜷缩到墙角，偷偷抹眼泪？

更糟糕的是，你必须现在就得做决定，这压力多大呀！不是以后，就是现在！什么？！你也许会大惊失色：难道说“机器人老师”和“机器人班主任”跟你说了什么，难道说你今天中午吃了什么能决定你与好的大学、理想的工作从此无缘了吗？无人垂青、无家可归、生活凄惨的你只能坐在路边，回想起那个决定命运的日子——那天午餐你选择了茄汁肉酱而不是鸡肉三明治。

哥们儿，放轻松。哪有你想的那么夸张！但是呢，你现在所做的决定，从你的成绩到你如何对待别人，都会影响你对未来道路的选择。我并不是说一旦偏离路线，你就没有回头的机会，但如果你知道自己要去哪里，这会是你巨大的优势，因为别人没想到的，你已经想到了。就像《爱丽丝梦游仙境》里的柴郡猫所言：“如果你并不知道自己要去哪里，那往哪个方向走也就不重要了。”

下面我要告诉你，怎样才能鼓起勇气，振奋精神，行动起来。

逆向思考

我知道你会觉得奇怪，但想想看，假设世界上只有四种工作，你要么当公主或者消防员，要么当驯獾者或者厕所清洁工。

如果你是个男生，那肯定当不了公主，无论你跟蛤蟆亲上多少次，都变不成公主。看，划掉一个选项是不是容易得很？那就剩下消防员、驯獾者和厕所清洁工了。你喜欢厕所吗？你喜欢和人类排泄物打交道吗？我猜你不喜欢。

看吧，选项已经去掉一半了。还剩下两个：你是愿意冒着生命危险冲进燃烧的建筑物，还是愿意训练獾，让它们在电视、电影中亮相？答案很简单。

好吧，也许没那么简单，但这是个很好的思路。我并不是要你把世界上所有的工作都列出来，然后挨个划掉你不喜欢的，而是要你从更宽泛的层面考虑。比如，你是愿意在办公室里工作，还是愿意在户外工作？你是喜欢给别人打工，还是想自己创业？嘿，如果你不想替别人打工，那很多职业你都不必考虑了，朋友。

掌控自己的生活要面对的挑战：想弄清楚你这辈子想做什么，得先弄清楚你不想做什么。不如花一分钟时间，列出 5 件（或更多）你觉得自己永远不可能想做的事。要具体！如果可能的话，列完 5 件，再列 5 件！有多少列多少！

以兴趣爱好为工作

现在我们已经划掉了像外卖送餐员和垃圾清运工这样的工作（当然，垃圾清运工通常生活得也挺滋润，年轻时靠送外卖挣钱也不是什么坏事），是时候来探究一下剩下的职业了。

首先你得考虑自己擅长什么，喜欢做什么。这听起来倒是挺容易的，你也许会说“我真的喜欢一边吃垃圾食品，一边通宵玩游戏”。你还是多想想什么事能给你带来成就感吧，比如绘画、音乐、数学、在公众场合发言。如果你对一件事真的有兴趣，就不会觉得它是一项工作，虽然别人认为是。

这就是摆脱机器人思维的方法。机器人告诉你，你的职业应该是一种“工作”；机器人告诉你，你每天都应该卖力地工作八小时，以换取微薄的薪水；机器人告诉你，上班时间只能做乏味的工作，下班时间才可以做有趣的事。

机器人不会告诉你，因为他们不想承认，有的人是靠做自己喜欢的事赚钱的。比如，喜欢绘画的人靠画漫画、绘制建筑图维生；喜欢音乐的人可以成为摇滚明星、乡村歌手、风靡青少年流行音乐圈的人物；而喜欢数学的数学家，可以做一切数学家能做的了不起的事情。而像我这种上学时在班上被其他同学看作小丑的家伙，现在学校还要花钱请我去演讲。你要知道，就连打游戏也能挣钱，也许做职业游戏玩家挺伤身体的，但至少他们开心哪。

这就是终极目标。

聪明小提示：在生活中找到你真正热爱的事——即使不给你任何报酬，你也愿意做的事。然后学着把它做得很好，好到有人愿意给你报酬！

如果你想成为一名吉他手，你就得苦练吉他，比任何人都要刻苦。最开始你也许连什么是二和弦都不知道，但这并不重要，因为你努力就能学会。日久天长，你会弹得越来越好，人们甚至愿意花钱听你弹吉他。他们会羡慕地看着你说："好啦，这袋子钞票还是给你吧，你弹得真是太出色了。"记住，吉他手的工作有很多种，你除了可以做在国际巡演场场爆满的吉他演奏家，还可以成为工作室的音乐家、作曲家、吉他老师，给电影配乐……你的选择有很多很多。

你不用做个全才。我想应该没人指望职业篮球运动员勒布朗·詹姆斯是个数学家或者 17 世纪中东政治方面的专家，他会打球就行了。那是不是说，哪怕勒布朗·詹姆斯是个混蛋，哪怕他其他的什么也不会都没关系？那倒不是。而是说，作为一名职业篮球运动员，他应该花大量时间在球场上训练，因为那是他所热爱的，是他真正擅长的，是能给他带来成就感的。

但愿你能把职业选择的范围缩小一点。也许你已经想到了四五件你真正擅长的事，而且你确实也能做得很好，乐在其中。但你也许仍然无法确定自己最终要选择什么样的职业，或者有点害怕现在就要开始，这都无可厚非，毕竟我们也不过才刚刚开始。

聪明小提示：真正困难的不是找到自己擅长做的事，而是鼓起探索的勇气，无论坏蛋们对你说什么都不受影响！

掌控自己生活所面对的挑战：如果你百分之百地确定自己绝对不会失败，你会尝试什么工作，追求怎样的梦想？把它写下来。要具体。

尽管去做吧！

你现在知道的是：你得马上行动起来，别再等了。

有时我们会把追求自己的目标这件事一推再推，总想等到时机完全成熟的时候。毕竟，有那么多事等着我们去做：学校的功课、足球训练、晚上七点半播放的动画片。有时其实你也没那么忙，但你就是不想行动，你感觉像是有仙女下凡，她拍拍你的小脑袋，跟你说："没关系，总有一天你会有时间做自己喜欢的事。眼下别想那么多，以后再做也不迟。现在不如接着玩游戏吧。"

说真的，那个仙女其实就是幽灵的一种。她提醒你，未来你可能失败，以唤醒你过去记忆中的恐惧，从而阻止你去做自己喜欢的事情。她希望你听话，希望你一直拖延下去，直到为时已晚。你应该拽住那个仙女的裙摆，直接往她嘴巴上来一拳。听到我说话没？别再等了。是时候行动起来了。

假如你喜欢玩电子游戏，那现在就开始学习跟游戏制作有关的一切知识。了解有哪些大的软件公司，认真想想为什么有些游戏能成为经典之作，而有些则无聊透顶。想想看，什么样的故事适合做成游戏，以及你最喜欢哪些角色。把你的游戏创意记在笔记本上。跟朋友多讨论讨论，了解他们的喜好。阅读游戏评论和游戏杂志。你想成为一名游戏程序员、游戏评论家、游戏动画设计师，还是游戏编剧呢？其实你有很多选择！

如果你喜欢音乐，就要勤于练习。拿起鼓槌或吉他吧。在学校选修音乐课，课外再上一些音乐兴趣班。不仅要听你喜欢的乐队的歌曲和专辑，也要在网上找些你不太了解的乐队的音乐听。你会练到手指出血，这不是因为你不得不这么做，而是因为你心里想这么做，因为没有什么比练琴让你更充实。

写作、数学、烹饪……所有的事情都是如此。你越是勤于练习，越是投入，就会越发优秀。记住，你在为目标而努力。也许你并不喜欢听某支乐队的音乐，但你还是得听，因为你要尽你所能成为最好的音乐家，而这就是个研究探索的过程。你对音乐了解得越多越好。

练习时要注意自己的感受。弹吉他会不会让你觉得自己很强大？这里不是指身体的强大，而是指精神的强大。你愿意一辈子弹吉他吗？如果真是这样，就更得加把劲儿！如果不是，那就试试别的。你不能因为惧怕尝试，就一辈子抱着你并不喜欢的吉他不放。我并不是说做了理想的工作你就不会遇上困难，相信我，困难是人生的必经之路。但如果有一天，你在努力练习某项技能的过程中不再感到自己精神上很强大，那还是试试别的吧。

最后我想说，你唯一能控制的就是你自己。你不能强迫别人喜欢你的音乐或者看你跳芭蕾舞，也不能强迫别人看你创作的漫画书或是电影。但你可以拼命努力。我相信，如果你能做到十分的投入，那你的水平也会非常精湛，人们就会主动来听、来看、来读你的作品，他们会情不自禁地喜欢上你。

聪明小提示：就算你走的路是对的，如果你坐在那一动不动的话，也会被撞倒。”

为了理想的事业而结识朋友

现在你已经知道如何选择职业，下面我们要看的是掌控职业的过程中最有意思的部分：如何交朋友。

以前人们，尤其是海盗，认为每个人都应该自力更生，要想做到顶层，得比别人聪明，比别人能干，比对手更能坚持。听起来就像一群困在孤岛上的人被分成了两个名字奇怪的部落，被迫在“挑战赛”中相互竞争，以获得稀缺资源、一百万美元和某种豁免权。但事实并非如此。单凭一己之力不可能成功。每个人都需要朋友，沮丧时他们能让你打起精神，我们都需要别人的帮助。

一秒钟之前我才说过，你唯一能控制的就是让自己更努力。除此之外，你还可以做些事情来帮助自己实现目标：结交兴趣爱好相投的朋友。在你的职业生涯中，盟友也是你最宝贵的资产。从侠盗罗宾汉到小马宝莉，再到擎天柱，几乎每个伟大的英雄都有盟友。你不妨这么想：你认识多少人？你认为他们中间有多少人算得上朋友？我们假设有 20 个。要知道，他们中的每个人也都有 20 个朋友。所以，从某种意义上来说，就相当于你有 400 个朋友。这可是清清楚楚算出来的，不是变魔术！

这 400 个人里也许有几个人能为你的职业生涯提供机遇，你认识的人越多，机会也就越大。不过，你不能单纯为了机会而跟别人做朋友，你绝对不希望自己这样吧。那你就成了一个趋炎附势的人，这样一点都不好，很像忍者和海盗的行为。也就是说，你是为了自己的利益而试图去掌控别人的世界。你违反了英雄信条的第二条。

结识 100 个朋友说起来好像不难，可你怎么才能找到与自己志趣相投的人呢？你得走出去。喜欢音乐？那就去有音乐的场所。喜欢数学？那就参加数学社团。明白吗？你也可以去保龄球馆、咖啡店或其他地方，但无论去哪里，你得结识朋友。

帮帮我吧，你是我唯一的希望

卢克·天行者、达斯·维达、空手道小子和 X 战警，除了是著名电影中的人物，他们还有什么共同点？他们都有导师。卢克·天行者和达斯·维达的导师都是欧比旺·克诺比和尤达大师，空手道小子的导师是宫城先生，X 战警的导师是泽维尔教授。

如果你想掌控自己的职业，那你也需要一名导师。

不过，如果你的梦想是成为摇滚明星，那可能找导师有点困难，毕竟，克里斯·马汀（Chris Martin）和皮特·温兹（Pete Wentz）这样的大明星又不会通过公开试唱的方式来选徒弟。但是呢，导师不一定非得是“大咖”。只要他们足够聪明，对如何引导你走向正途略知一二，而且你也尊重他们，那就行了。

想知道怎么找到一位导师吗？不耻下问，就这么简单。为了掌控自己的生活，你要做的事很多，跟那些事相比，问问题算是容易的。大多数人，只要他们不是大混蛋或者忙到焦头烂额，都会乐意帮助你，指导你。至少，他们可以通过邮件给你建议。你需要做的就是找到在你想从事的职业领域内已经积累了一定经验的人。

即使不认识这样的人也没关系，你可以利用网络呀，网络上汇聚了海量信息。你可以搜索跟你未来职业有关的网站。比方说，你在努力成为电子游戏设计师，那不妨给你喜欢的游戏制作公司写一封邮件。你可以说：“我的名字是 ×××，我想成为一名电子游戏设计师。不知道贵公司可否告知我某位设计师的邮箱，因为就怎样才能实现自己的梦想，我特别想听听专业人士的建议。”

你没必要见他们。我的意思是，见陌生人多少会有一定的风险，但至少你可以通过电话或邮件来跟他们交流，获得建议。假如你刚好认识从事你心仪职业的人，那你可以直接问他们。他们大都会乐意帮忙，也许你还能跟着去他们公司实地学习呢。

尊重他人

考虑到你将来要进入的职业领域会充斥着机器人，所以你得弄清楚你需要面对什么。要做到这一点，我们得向间谍学习。不不不，詹姆斯·邦德并不是最厉害的间谍，虽然大家都这么认为。最厉害的间谍不穿燕尾服，车灯里也没藏着机关枪，紧急关头也不会靠子弹脱身。最厉害的间谍了解他将要进入的职场文化，能利用其他“国家”的习俗和语言来获得他们想要的东西，能利用自己的能力融入环境。

这就意味着你得了解你周围的世界。你得倾听和尊重他人。其实这有点像忍者，只不过忍者可没有一颗金子般的心，怎么说呢，可能更像是一个低调的武士吧。这样你才能与那些可以帮助你的人建立联系，顺畅沟通。你越是了解这些坏蛋，就越容易躲避他们的攻击。这样你才能在面试中脱颖而出，才能找到工作。

比方说，你得学会怎么握手，要穿着得体，表达清晰。这些建议你也许觉得太老套，但确实能体现出你的自信。穿着得体表明你对这份工作很重视，所以才会穿上平时不穿的漂亮衬衣。表达清晰别人才能听懂你在说什么，才会认真听你说话。如果你跟对方还有目光接触，这说明你心里并不惧怕对方。如果你能提前10分钟来参见面试或会议，这说明你很可靠，值得信赖。如果这些你都能做到，那你给人留下的第一印象一定会加分。相信我，尽管这些是微不足道的小事，但重要性却不能小觑。

不过，利落的外表和坚定有力的握手并不是表达尊重他人和赢得他人尊重的唯一途径。倾听同样重要——你知道的，就是要给予对方足够的关注，要问一些问题。如果你天性比较外向，那就得放慢节奏去了解对方。如果你天性害羞，那也无妨，因为你可能就喜欢倾听。我不是要你去改变真实的自己，也不是让你去操控别人以获得帮助，这得是你发自内心的行为。如果你能认真倾听对方讲述他们的故事，他们一定会喜欢你。如果你能尊重他们，友善地对待他们，他们也会这样对你，多数情况下都是如此。即使他们没有以善意回报你，也没关系，你这么做总是值得的。

如果是去参加面试，你更得抖擞精神。你要把最佳状态展示给面试官。除了要关注仪表和礼节，你还得提前做好准备，想一想他们会问什么问题。比如，你未来五年的职业规划，你觉得自己最大的弱点是什么，这些都是招聘主管喜欢问的。秘诀呢，就是要提前摸清楚应聘单位和部门的情况。这个部门是做什么的，如何做的……收集一切能收集的信息。这样当招聘主管问你："现在你有什么问题要问我们吗？"（他们总爱这么干，其实就是想看看你是不是很有意愿来此工作。）你就可以自信发问了。

你提的问题不一定要多深刻，关键在于你要让面试官知道，你提前做了功课。你知道你正要进入的是什么样的职场，你知道它的文化，它的历史，你是他们中的一员。当你给他们留有这样的印象时，他们就会因此而喜欢你。

两年期限

"说的倒是挺好。"你心里暗想，甚至可能大声说了出来。也许你只是还没找到自己的梦想。也许你跟着医生在急诊室待了一天，结果发现自己应付不了过于血腥的场面。也许你跟着警察巡逻了一天，结果发现腰上挂把枪确实很酷，可你实在不喜欢那套制服。也许你给街头魔术师当了一天助手，结果发现从孩子的耳朵里掏硬币没啥好玩的。也许你已经尝试了很多事情，仍然不确定自己想做什么。也许要等到高中毕业或大学毕业你才知道自己想做什么。别惊慌！你的人生并不会因此而荒废。你也不是失败者。你只不过还没有找到自己的梦想。

如果是这样，我建议你给自己设定一个“两年期限”。

在这两年的时间里，财务上不能有任何大的开销。不能买车，不能负债，将生活标准降到最低。不能吃鱼子酱和龙虾，只能吃便宜的通心粉和奶酪。你得把钱用在刀刃上，把你有限的资金用来做有用的事。

你可以当服务生，去看艺术展，扩大阅读面，以自己的方式学习各种知识。去那些听起来很有趣的地方实习、旅行；到处走走，去看看外面的世界。关键是要给自己大量输入信息。尽可能地从别人那里获得信息，主动去听听别人的故事。要像一块吸水抹布那样，“如饥似渴”地去体验不同的经历。

如果两年后，你还是没找到让你为之兴奋，为之沉迷的事，那好吧，我也只能帮你这么多了。但那是不可能的，每个人都有自己热爱的东西。

如果你找到了自己的兴趣所在——我敢打赌你肯定会的——那就开始深度挖掘吧。你可以通过书本进一步了解如何才能做到你感兴趣的工作，也可以跟着有经验的业内人士亲身实践。如果在做了这些之后，你认定自己的梦想就是要做一名垃圾清运工（工资很高的），那就着手去实现你的梦想吧！

不要满足于“好”

现在我们假设若干年后，你已经不再是个实习生了，你正欢呼雀跃地朝着你梦寐以求的工作、给予你人生意义的工作奔去。为了当上垃圾清运工，你已经付出了那么多努力，你就像附在垃圾清运船表面的藤壶一样清楚这个工作的流程。也许你已经能挣到一笔稳定的收入，你在心里暗自欢喜："我做的是自己热爱的工作！好耶！"

你所做到的这一切已经超过了大家的预期。你确实很好，已经超过了平均水平。如果你从事的是自己热爱的职业，那你已经实现了大多数人无法实现的目标。你真应该奖励自己一杯奶茶，不是吗？当你坐在那里吮吸着香甜美味的奶茶时，还应该给自己发张奖状，上面写着："做得好！比大多数人都好！"这样你就能一边喝奶茶，一边扬扬自得了。

错。

这是我对人生最大的疑虑。你知道什么是超过平均水平吗？你知道什么是好吗？我来告诉你吧。假如平均水平在这儿（我把手放在跟下巴齐平的位置），高于平均水平在这儿（我的手现在跟嘴唇齐平），而"好"就是在我鼻尖的位置。你要是能看到我，效果会更好，这个方法非常直观生动。关键是，这还不够好。哪怕你够到了眼睛的高度，我也会这么说。

永远不要满足于高于平均水平，永远不要满足于"好"。很多人认为，好就足够了，也许对他们而言确实如此。但你不能自满。也许你觉得我说话的口气怎么跟你当过兵的老爸一样盛气凌人，但事实是，这个世界需要的是伟大的人，而安于现状的人太多太多。

你可能会听到来自外部或内部的声音：告诉你，你不够好，你注定会崩溃。它们让你放弃，让你走捷径，让你安于现状。

然而，你也会听到一个声音说："你是世界上最适合做这件事的人，没有人比你更有能力。你不仅能胜任这件事，你还能做到最好。你可以改变世界，改变你周围的人、你的家庭……因为你生来就是要做这件事的。"

那个声音，那个告诉你要继续前进的声音，是真的。

那才是你应该听的声音。

聪明小提示：在我的职业生涯中，我有 9000 多次投篮都没投中，我输掉过将近 300 场比赛。整整 26 次，大家都确信我能投入制胜一球，结果我没有。在我的一生中，我一次又一次地失败。而这正是我成功的原因。——迈克尔·乔丹（Michael Jordan）

每个人在青春期
都会遇到的7类“敌人”
扫码立即查看

第21章

如何掌控自己的目标

你知道我喜欢什么吗？我喜欢“热气腾腾”的计划刚出炉的时候。无论是哪种计划或安排，跟朋友一起度过一个超级好玩的周末计划也好，年度计划也罢，我都喜欢！我就喜欢提前做好计划！如果你也能制订计划，同时又能保持一定弹性的话，那么一切都会变得更好。我花了很长时间才弄明白这一点，从那之后，我的生活也因此发生了改变。

如果你不相信，那请回答我：如果你不知道自己要去哪里，怎么能知道什么时候到达那里呢？

红色警报：这是个反问句。答案是：你不会。

我想说的是——

光有梦想是不够的

人们对“dream”① 有所误解。实际上，真正的英雄才不会做梦，只有睡着的人才会做梦，而英雄有目标。想想看，马丁·路德·金（Martin Luther King）原本对种族平等有过“梦想”，但后来他醒过来了，不再做梦了，而是脚踏实地地做了一些事。我敢肯定，你也有过梦想，想做一些了不起的事，成为一个了不起的人，但你真正去做了吗？换言之，你是醒着，还是睡着了？

你得提前制订计划

这些计划，无论是像狄更斯（Charles Dickens）小说的情节一样复杂，还是像在记事本上随便写几点那么简单，都不重要。无论是未来 60 年的长远规划，还是下面 3 小时的短期安排，这也不重要。只要有计划，你就能提前开动。计划为你提供了一个框架，当你偏离目标时能及时提醒你返回正轨。

要从小处着手。你也许并不确定自己要走什么样的职业道路，不知道自己将来会去往哪个城市，会住在郊区的大房子里还是市区舒适的公寓里，但你可以从现在自己能做的决定开始着手。

在实现目标的过程中常会遇到的坏蛋：幽灵、僵尸

如何入手：写一个待办事项清单。不用写得太复杂详细，可以就写你想做的事。我的建议是不要超过三件事，而且得是你能做到的事。你可不

① 英语单词“dream”既可以指“梦想”，也可以指“做梦”“梦”。

能把它写得跟鸿篇巨制一样，那得给自己多大的心理压力呀，结果只会适得其反——你会把自己“关停”，什么也不做，整天玩游戏。相信我，我可是过来人。第二天醒来时，不妨再看看你列的清单。问问自己：“如果今天只能做清单上的一件事，哪件事会让我感觉最好呢？哪件事会让我觉得今天很充实、很有成就感呢？”

决定之后，就得在中午之前做好这件事。也许是给你刚听完的一张新专辑写一篇乐评，也许是为历史考试做准备。不管是什么事，你必须确保当天就完成，不要拖延。没人让你把清单上所有的事情都一下搞定，只要做一件就行了。这样当你晚上睡觉前回想这一天时，你会觉得自己说到就能做到。

聪明小提示：凡事预则立，不预则废。

点滴的进步

我有个朋友要减肥，于是去健身房办了会员卡，跟着健身房的私人教练锻炼。结果第一天教练就让他一直练到想吐，第二天他觉得自己的肌肉就像撕裂了一样，腿都抬不起来。于是，他再也没去过那家健身房。

但他还是觉得自己得减肥，于是换了家健身房，这家健身房离他的住处有点远。但这次的教练采取的是完全不同的训练策略。

“你今天只要锻炼 15 分钟。”新教练第一天这么告诉他，“但你明天一定得来。”

“就这？”朋友半信半疑地看着教练，教练点点头。于是朋友骑了 10 分钟动感单车，又举铁举了 5 分钟就回家了。这次教练没叫他“求生不得，求死不能”。第二天他又去了。

“很高兴再次见到你。”教练微笑着说，“我给你制订的计划是这样的：

只要你乐意，你每天都可以来锻炼。10 分钟也行，两个钟头也可以，随你。反正，只要你能来健身房动一动就行。”

等到年底时，朋友已经减掉了好多肥肉。而且，身体也变得很结实，年底他还骑车去旅行了，足足骑了 2700 英里，纯粹是为了好玩。

想想看：如果朋友一开始就说“我想骑行 2700 英里”，而且每天都急不可耐地想要实现这个目标，那他一定会觉得自己离这个目标差距太大。他会拼命锻炼身体，把自己搞得筋疲力尽，有时想干脆放弃。而每天锻炼 10 分钟，这听起来没那么难。

关键是得明白：不积跬步，无以至千里。

克服困难，实现计划

但计划也有个问题，那就是它几乎不大可能按照你希望的方式运作。有个叫墨菲的人深谙其道，并用自己的名字命名了这个定律。①

“会出错的事儿总会出错。”听这说话的口气，墨菲简直就是僵尸之王，不是吗？

不过这也无妨。哪怕是这样，你仍然得制订计划。

我其实只是想告诉你，即便有了计划，也不能保证你做起事来无往不利，在前进的道路上，会冒出大大小小数不清的障碍和困难，有的如险峰般难以攀登，有的只有刺猬那么大，一脚就能跨过去。

---

① 墨菲定律（Murphy's Law）是西方人常用的表达，简单来说就是事情往往会向你所想到的不好的方向发展，只要有这个可能性。具体来说有四个方面：第一，任何事都没有表面看起来那么简单；第二，所有事都会比你预计的时间长；第三，会出错的事儿总会出错；第四，如果你担心某种不好的情况会发生，那它就更有可能发生。

归根结底，只制订计划却不付诸行动，那么计划永远也完成不了。如果你的目标是成为一名宇航员，那你到了航空航天局的人力资源部门，总不能只递过去一份用红色蜡笔写得歪歪扭扭的梦想清单，同时还希望自己第二天就会被送到外太空吧，唯一的可能是你被当成实验用的“小白鼠”。

如果你在执行计划的过程中突然遇到了困难，你可不能只坐在那里哭。只有小宝宝才会一直哭个不停，除非有人往他们嘴里塞个安抚奶嘴，他们会不断地吮吸奶嘴以赶走烦恼。

你要学着去适应，这很重要。当你的面前突然隆起一座珠穆朗玛峰时，你应该暂停并思考，我要怎么做才能到达另一边？你可以勇攀高峰，可以绕道而行，或者出资租直升机，请夏尔巴人[①]陪同你过去。也许你有什么更具创意的点子。关键是，山既然在这了，你就得想办法征服它，不能在那儿自怨自艾、哭哭啼啼，难道山峰会凭空消失吗？

一个好的故事必然包含冲突和冒险。譬如下面这两部电影，你更想看哪部？一部是《星球大战》，另一部是关于一个哭哭啼啼的名叫卢克·天行者的小孩，他在塔图因星球上一座湿气农场里干了一辈子活，直到死去。当然喽，后者也可能是一部有趣的纪录片，讲的是一个人在荒凉的沙漠星球上做着无聊的事情慢慢老去，但它肯定不会像《星球大战》那样让人热血沸腾。

要给自己立好目标，制订计划，然后循序渐进地推动计划。随着你对自己和自己的优势有了更多了解，你可能会改变原先的目标或计划，这也没关系。但是，永远不要轻易放弃，如果这样你就无法掌控自己的世界。

① 夏尔巴人（Sherpas）藏语意为“来自东方的人”，散居在喜马拉雅山两侧，主要在尼泊尔，少数散居于中国、印度和不丹。夏尔巴人体质好、抗缺氧能力强、吃苦耐劳，常常为攀登珠穆朗玛峰者充当向导和挑夫。

第 22 章

如何掌控金钱

要是你不当心的话，金钱就会成为你的主人。说实话，大多数发达国家的人都是金钱的奴隶，他们居然还觉得这很正常。

金钱容易化身为这些坏蛋：机器人、忍者、吸血鬼、小奶狗

就跟其他事情一样，对于金钱，你也得制订计划，否则你就会被支配。你得有目标。如果花钱没什么计划的话，那你一定会得到惨痛的教训，你可能会觉得人生无趣，会遭遇极大的失败，甚至会锒铛入狱。

又到了乔希的故事时间

当我还是个 18 岁的年轻小伙子时，有人给了我一本支票簿。太好了！这不是给我送钱吗？接下来，我就要开始大手大脚地花钱了：那些我心仪已久，却又懒得打工挣钱去买的衣服、音乐和电影碟片，现在终于买得起了！我大概在开出了高达一万多美元的空头支票后，发现自己的财务状况出了大麻烦。那天我一边开着车（可能就是用空头支票买的）一边听音

乐，有个警察把我拦了下来。那条路限速 55 英里，而我的时速已经达到了 70 英里，所以我最起码得接受 200 美元的处罚，当时我的支票账户额度已经快用完了，这笔罚金远远超过了账户的支付能力。更糟糕的是，我不确定我有没有买汽车保险，因为之前我都是靠开空头支票来交罚金的。而在俄克拉何马州开车不买保险就是刑事犯罪。我在心里暗自祈祷那个好心的巡警不会注意到这一点。

“年轻人，请你下车。你的麻烦大了，可不是超速那么简单。”

他把我带到巡逻车的后面，让我把双手放在后备箱上，然后他握住我的手腕，把它们拉到我的背后，接着给我套上了钢制的手铐。

下一站：监狱。

你没听错，朋友。我是一个违犯了法律的人、一个不良少年……你听明白了吧。你知道这是谁的错吗？我自己的错。我不能怨天尤人，不能怪别人没使劲拉我一把，教我怎么花钱；不能怪学校没有告诉我，支票不能随便开，自动取款机并不是神奇的、自己会吐钱的机器；不能责怪把我抛弃在医院，不愿意承担儿女的养育责任的亲生父母。唯一该责怪的人就是我自己。我从来没制订过计划，最后只能栽了个大跟头。

在跟一个绰号叫“龙卷风”的狱友吹了一晚上牛之后，我知道，我的生活必须做出改变。但是，在监狱度过的那个夜晚确实让我彻底地清醒了。我得制订财务计划，我得摆脱缠身的债务。

你有没有曾经因为不好的消费习惯而陷入困境？这也许是因为你从未真正地制订过计划来安排好开销，也许你已经做出过错误的决定。你的“金钱幽灵”是否在纠缠你？我是深受其害，但是我最终找到了降服他们的办法。我是来帮助你的，这样你就不用走那么多弯路，吃那么多苦头，也不用再找那么多借口。下面我要跟你分享我的财务计划，也要给你一些忠告，我真希望在我像你那么大的时候，有人告诉我这些道理。

钱能使你快乐！！

你是不是听人说过“钱买不来快乐”？这是彻头彻尾的谎言！我发现了一个能用金钱换来超级快乐的办法——准保管用。你问怎么做？

把钱送出去！

你一定会想，“乔希，你要我把钱送出去？你是疯了吗？！”是的，我很可能是疯了，但请先听我说完。

“乔希知识研究所”的科学家（就是我自己）告诉我，他通过计算发现，无论在什么时候，一般青少年身上大概都会有十几美元的零用钱。也许你现在身上刚好没钱，但如果你把家里所有的零钱加起来，肯定能凑到这么多。

帮我一个忙。先画个圈，然后在下面写上“世界”两个字。再画一条线，把圆分成两半。在左半边空白处写上“2 美元”。我为什么要叫你这么做？因为世界上有一半的人每天的生活费大概只有 2 美元。没错，2 美元。你仔细体会一下。

我希望你能明白，跟那些人相比，你非常富有，超级富有，极端富有，令人难以置信地富有。你也许完全不觉得，因为大家都告诉你，你需要更多的钱。但你已经很富有了！想想看，2 美元是别人一天的生活费，而你今天买什么东西花了 2 美元？一瓶可乐？点播了一个节目？一个小培根芝士汉堡？一袋薯片？你是不是觉得，花 2 美元甚至比想出一样价格不到 2 美元的东西还易如反掌？

“好吧，你说的没错，我是有点现金。但这是我的钱，我为什么要把它送给别人？”是的，那是你的钱，嗯，是你挣的。好，怎么用是你说了算。

不过，我们不如先一起去参观一下一座疯狂的城市吧。准备好了吗？

世界上有一群坏蛋，他们想尽可能多地捞钱。忍者会骗钱，机器人会根据指令工作，拼命工作挣钱。他们以为，只要他们有足够多的钱，就能掌控自己的世界。他们每天要花上好几个钟头来思考，怎样才能赚得多、花得少，怎样才能卖出更多的产品、克扣员工的工资。当人们因为想要挣更多的钱而背负巨大的精神压力时，他们几乎就变成了金钱的奴隶。

我不想成为任何人、任何东西的奴隶。你也是吧？

所以你要认真问问自己——

谁掌控了你的世界？

从金钱的角度来看，你是否真的掌控了自己的世界？还是让这个散发着铜臭味的世界掌控了你？如果你不愿意把钱送给别人，哪怕一分一厘都不愿意，那你就是金钱的奴隶，虽然我很不愿意这么说。你也许会辩解说你没多少钱，所以你觉得这个结论不公平；那我可不管，这跟金钱多少没关系，而是一种心态。赶紧抛弃“金钱奴隶”的心态，奔向自由吧！把你的钱送出去一些吧！就现在！如果做不到，那你就扪心自问：为什么不行？

想用金钱换来快乐吗？那就找到你真正在意和关心的东西，大大方方地捐钱吧！

也许你有家人死于癌症，你想找到治疗癌症的良方，那就把钱捐出去吧！

也许你希望能研发出预防疟疾的疫苗，这样非洲的孩子就不至于因为蚊虫叮咬而患上疟疾，那就把钱捐出去吧！

也许你想为某个村庄里的一户人家购买一只山羊，让他们在接下来的几年里都有奶喝，那就把钱捐出去吧！

不要吝啬你的善意，更不要吝啬你的金钱！

我相信你肯定很会花钱，在捐钱方面，你也要有创意哦。

你不可能掌控整个世界，掌控别人的消费方式；但你确实可以掌控自己的生活，掌控自己的花钱方式。我希望当你选择掌控自己的世界时，那是一个不被金钱奴役的、美好的世界。我希望那是一个完全自由的世界，你的眼睛能看到别人的需求，并为之做些什么。

聪明小提示：生存依赖于我们得到什么，生活依赖于我们付出什么。——温斯顿·丘吉尔（Winston Churchill）

如果你不能养活一百个人，那就先养活一个人。——特蕾莎修女（Mother Teresa）

掌控自己的世界所面临的挑战：打开捐助网站，上面有很多人或机构需要你的捐助。这是一个挑战，它能让你知道自己是不是金钱的奴隶。你真舍得你的钱吗？你至少得放一元钱到信封里，然后把它寄到那些机构，或者直接寄给需要它的人。注意到你把钱投进邮筒时的感觉了吗？那就是奉献的感觉。那感觉很好，不是吗？祝贺你，钱给你带来了快乐！那就继续哇，一次，一次，又一次地用金钱帮助别人吧！

债务从不纠缠你可爱的祖母

屏住呼吸，你很快就会收到一个白色信封，哪怕现在还没收到，信里说你很特别。事实上，你是如此特别，你甚至能享受到被“预先批准”开通信用卡的特权！

这封信看着不像骗人的，而且挺叫人兴奋的，不是吗？你甚至会觉得自己还挺重要，就像个大人一样。可这封信到底意味着什么？它意味着这个给你颁发信用卡的忍者银行已经认定了，你是个容易上当的傻瓜。他们知道你很年轻，对财务规划没什么概念，他们希望你能让坏蛋来掌控你的世界。你渴望被人接受，渴望“预先批准”这样的特权——他们正是寄希望于这样的事实，期待你会开通这张小小的塑料卡片。

你想被预先批准吗？

既然你读的是我写的书，那么我预先批准你——

我预先批准你把那封信扔进垃圾桶，看都不看一眼。

我预先批准你用碎纸机把信绞得粉碎。

我预先批准你把信扔进熊熊的炉火中，再冲着灰烬吐几口口水。

我预先批准你掌控自己的生活，不要让那些坐在纽约摩天大楼里的忍者银行高管们掌控你的世界，拿走你的钱。

我预先批准你过上自由的生活，不要由债务来决定的生活。

你知道债务，对吗？它是个阴险的忍者。我是认真的！你可一定要当心！

如果你对债务不熟悉，那请允许我来给你介绍一下——

欠债会让你陷入困境。

欠债会剥夺你的选择权，让你倍感压力。

因为欠债，你会被别人抓着内裤提起来，会因此而受伤。

因为欠债，你会不断地收到追债的垃圾邮件。

因为欠债，你的父母会争吵。

…………

为了买你并不需要的东西，为了在你不认识的人面前显摆自己，哪怕没钱也要借钱，那你一定会欠债。请问这么做能帮助你掌控自己的世界吗？显然不能。

请允许我解释一下。如果在一个月之内，你用信用卡买了 100 美元的衣服，那也就等于你从银行借了 100 美元。而银行呢，只让你每个月还 25

美元，因为他们是“大好人”（经典的忍者战术）。

听着很不错，不是吗？可你得记好了，你还欠他们75美元。因为他们帮了你一个“大忙”，让你分期付款，所以呢，他们会向你收取一点点费用，大概15美元。也就是说，你本来欠他们75美元，现在却增加到90美元。

恭喜你！现在你已经负债了。欢迎加入“预先批准傻瓜俱乐部”。下面我们来看看美国人大概的债务情况：

☆美国人18岁时的平均债务达3,300美元

☆美国人平均信用卡债务达8,500美元

☆学生平均助学贷款债务达19,400美元

☆平均家庭债务达38,000美元

☆美国人28岁时的平均债务达66,000美元

怎么样，看了之后有没有很不安？我给你的建议是：不要成为统计数据中的一员。

当然，刚开始你会觉得，多还15美元没什么大不了的，但正如你所看到的数据，你欠的债会越积越多，数目越来越大，最终会达到成千上万，而你还美滋滋地拿着亮闪闪的信用卡到处透支。你总想跟朋友一起出去吃饭，这我能理解，可你也别小看经常出去吃炸鸡给你带来的经济负担，那些钱你可能要好几年才能还完。你也许会说，至少在那几分钟的时间里，你享受到了美食带来的快感！好吧，那我只能祝你好运了。

高中才只是个开始。等你上了大学，很多银行都会找上门来。他们会用超大号的T恤衫、解压球、不好用的钢笔等小礼物来吸引你，让你申办信用卡。这些忍者妄图用一些破玩意儿骗走你的钱！你可不能上他们的当。真正聪明的忍者银行会用最新、最酷的电子产品来吸引你。

看穿他们的伎俩了吗？这些忍者会找准时机，他们知道你刚离开父

母，害怕孤独，而且刚刚开始独立。你看到其他同学的衣服、背包和笔记本电脑都很酷，就认为自己也需要同样的东西。债务最喜欢使用吸血鬼的那一套，想赶快也把你变成吸血鬼，而且它还能给你提供金钱援助！这就好比是忍者和吸血鬼串通一气，给出的组合式攻击。

但你很聪明，忍者的这些雕虫小技可骗不到你。你知道，一个人的“酷”不是用金钱买来的。如果你想掌控自己的生活，那你当然不希望这些忍者银行对你指手画脚，让他们告诉你怎么花钱，对吗？让我们来回顾一下第一条准则：没有人有权利掌控你的世界。你是英雄，所以那是你自己的事。

聪明小提示： 先挣钱，再花钱。——托马斯·杰斐逊（Thomas Jefferson）

掌控自己的生活要面对的挑战： 拒绝信用卡的最好办法就是把它们挡在邮箱外面！

大手大脚地花钱不是酷

说到钱，下面这个问题也许是你最难理解的。老实说，现在我仍然会被这个问题困扰，我仍然会被一些别人拥有而我没有的东西（汽车、鞋子、音箱等）所吸引。但是，我必须提醒自己，我是乔希·西普，我是谁由我自己定义，而不是由我所拥有的东西或买到的东西定义。

我们先退后一步，来聊聊“酷”这个概念。什么是酷？我认为“酷”是某个特定群体为他们自己所创造的，并被他们自己所接受的精英主义理念。但怎么样才算是“酷”，这由谁说了算？

是吸血鬼。吸血鬼创造了“酷”，他们的目的是要掌控你的生活，这没什么稀奇的。因为吸血鬼一般都很受欢迎、很神秘、很迷人、很有吸引力，我们偶尔都会有模仿他们的冲动。但你会觉得自己的衣着打扮、行为方式跟他们格格不入，觉得自己融入不了他们的圈子，于是你就开始买和吸血鬼一样的衣服，听他们听的音乐，去他们常去的地方。想想看，摇滚明星是不是总会引领时尚潮流，然后大家纷纷效仿；模特总是会告诉你，什么样的身材对其他人最有吸引力；学校橄榄球队的四分卫总是参加最酷的派对，拉拉队长总是学校时尚界的焦点。如果你能跟上他们要酷的标准，那你就成功了，你也很酷。在他们决定下一个酷的潮流是什么之前，你就跟他们一样。

一旦吸血鬼牢牢地掌握了什么是“酷”的决定权，他们就能掌控你的生活。

那么，这跟金钱有什么关系？对人们来说，用金钱买到“酷”是一个巨大的诱惑。你想花钱把自己打扮得跟摇滚明星一样。你的穿戴、说话方式得对吸血鬼的胃口，才能被邀请参加四分卫的派对。你攒了三个星期的零用钱才买了一瓶减肥药，但不知为什么，吃了它你的身材并没变得像超模吉赛尔·邦辰那样火辣。

我记得我曾经非常想要一双鞋，因为穿上它会显得我很酷，会被人接受。结果一年后我就把那双鞋扔进了垃圾桶，为什么呢？因为厂家又推出了更新款的鞋，而我花那么多钱买到的是老款。那种感觉就像在跑步机上跑步，无论你跑多快，跑多久，也永远到不了终点。对于成年人而言，那就是要去更高档的饭店用餐，开更昂贵的车，买更好的西装。

但是，“酷”的定义会因为年龄、地理位置和文化的不同而大不相同。在亨利八世的年代，长得肥胖，皮肤苍白才是“酷”。如果你生活在非洲的某些地区，脖子上挂个“一吨”重的金属项圈才是“酷”。“酷”并没有一个普遍的标准，它是相对的。在你的一生中，你会与不同的群体接触，每个群体都有他们自己的标准。现在你接触的是中学生群体，接下来可能是大学生群体。之后你会发现，在职场、教堂或乡村俱乐部，人们对“酷”又有不同的理解。最后你会和养老院的老头老太太们比谁更酷。等你死了之后，你的家人会咨询殡仪馆的工作人员，哪种棺材最酷。

明白我的意思了吗？随着生活环境的改变，“酷”的定义也在不断地改变，所以，你只有两个选择：

选择 1：总是让自己很酷

那你需要投入大量的时间来捕捉潮流。你还得有很多钱，这样才能购买无穷无尽的新产品。你还得具备迅速甩掉现在这些朋友的能力。例如，如果吸食大麻是“酷”，那你就得甩掉那些不想清除脑细胞的朋友们。你会发现，你开的是什么车非常重要，因为你得开车去参加很酷的派对。最糟糕的是，人年龄越大，赚的钱就越多，也就是说，想跟得上“酷”的潮流会越来越吃力。你觉得运动鞋很没品位，那你知道顶级的意大利乐福鞋要多少钱吗？你知道一块不怎么样的手表都能花掉你三千美元吗？

说实话，以前我也试着这么干过，但那真的要花很多钱，而且很累人。跑步机那个比方，比你预想的还要准确。实际上，即使我花钱买了最时髦的产品，我也会感到孤独。总有人穿得比你更时髦，总有人开的车比你的更拉风。最终我意识到，那些告诉我什么是“酷”的人（吸血鬼）正在掌控我的世界。我必须停下来，必须想个更好的方法。然后我想到了选择 2。

选择 2：做你自己

买那些让你自己感觉不错的衣服，而不是别人想让你穿的衣服。你的目的是要掌控自己的生活，那你就应该选择与这个目标一致的衣服，采取与这个目标一致的行动。一旦你不再吃力地扮酷，你就可以真正地把时间花费在你想做的事情上，而不是浪费在为了支付越来越多的信用卡账单而不得不做的事情上。这才是掌控自己的生活：为了自己渴望的生活而生活，而不是为了别人对你的期望而生活；你说什么，做什么，成为什么，都由自己决定。

房子就是个栖身之所，汽车只是个交通工具，衣服只是为了遮身蔽体。你根本不需要最昂贵的房子、汽车和衣服来获得快乐，来装酷。既然吸血鬼无法控制你，自然也不能掌控你的生活；你已经成功地完成了生命中最重要的角色——做你自己。

掌控自己的生活要面对的挑战：你是否觉得那些打扮入时、开豪车、住别墅的人很厉害呢？如果答案是肯定的，那想想看，你为什么会这么看呢？你真的认为他们比你更聪明、更优秀、更酷吗？

第 23 章

如何掌控自己的身体

掌控自己的身体并不难，你只要按照下面的公式办就行：每天锻炼 3 小时，不吃饭，花大价钱去做整形手术……

不。千万别那样。那些都是忍者和吸血鬼的谎言。

他们不仅会通过定义什么是“酷”来控制你，也会通过定义什么是“健康”，什么是“美”来奴役你，他们会怂恿你办健身房的会员卡，花钱去美容院美白，等等。

千万别让他们得逞。这和如何对待金钱一样，你只有两个选择：1. 听吸血鬼的话，由他们来决定你的身体应该是什么样；2. 做你自己。

你自己看着办吧。

也就是说，重要的是——

正确地对待自己的身体

人们常说，我们身体的工作方式就像汽车一样。但事实并非如此，新车可以直接从4S店开走。新车的动力很强劲，方向盘也很灵敏，而且里面有股新车特有的气味，嗯，很化学的味道，闻到这股味儿你是不是后悔买车了？

从那之后，这辆新车的车况就会每况愈下。随着时间的推移，随着行驶里程的增长，火花塞越来越不容易点着，因为发动机里积聚了越来越多的油泥，机油也会变黑，座位中间的缝隙里塞进了收银小票、掉落的笔，甚至还有薯条。

但人体不一样，一个婴儿长到大概20岁左右，身体才会达到巅峰状态。

所以呢，等到了40岁时，你的身体是什么状况取决于你自己：是一辆保养得很好的经典福特牌野马敞篷车，还是一辆破旧生锈的现代汽车，轮毂盖或者消声器已经没了。

每个人的个性都不一样，谈到身体健康，每个人也都有自己的弱点，而且，从某种程度上来说，人类都有成瘾的倾向，无论是对某些事物、酒精、尼古丁、电视、性，还是其他恶习。一切让我们感觉良好或者有助于提升自我形象的东西，都可能让我们成瘾，这很危险，就连健身也会让人成瘾。

无论做什么事都要把握好度，当然，一切都是说起来容易做起来难。总体而言，我们不能只靠意志力，越早消除不健康的生活方式带来的诱惑，应对起来就越容易，所以，不让自己接触到可能成瘾的东西就是我们的第一道防线。

容易对健康构成威胁的坏蛋：忍者、吸血鬼

避免成瘾

我的朋友史蒂芬烟龄长达 8 年。他也知道抽烟对身体不好，他的精力大不如前，有口气，他每天早上都会跑到洗手间的水槽前，大口大口地咳绿色浓痰。

我可没说他不喜欢抽烟。他很喜欢。他觉得吸烟很酷：你瞧，吸烟时手里拿着火，嘴巴吐着烟圈，吞云吐雾多潇洒，你觉得自己像一条喷火龙。有时手里拿着一支香烟，你会觉得自己是“指点江山”的重要人物。史蒂芬总会在办公时间找借口出去抽烟，也没人说他什么。

但史蒂芬也知道，这样下去无异于慢性自杀。他每天都在吸烟，他每天都感觉不对劲。为了戒烟，史蒂芬找医生给他开了一种新研发出来的戒烟药。

这个药应该每天服用两次，连续服用 3 个月。不过史蒂芬很快就感觉到了药效。他不再渴望尼古丁了。服药后的第一周他还吸了几根烟，但他对尼古丁的欲望很快就消失了，接下来的 20 天他都没吸烟。他感觉到了自由——这些年来他从未感觉这么好——他很确信自己戒烟成功了。两周后，他停止服用戒烟药。

尽管生理上的成瘾在服药后大概一周就消退了，但这个药之所以要求服用 90 天，是为了让烟瘾者学着去习惯过没有香烟的生活。

很快，史蒂芬就故态复萌：他开始只抽一天中他觉得最享受的那一支烟，早上喝咖啡时的那支。两个星期过后，只要跟朋友出去，他就开始抽烟，接着每顿饭后他都要抽烟。没多久，他又回到了以前的状态。

后来他不得不又花了几百美元买来戒烟药，这一次他整整服用了 90 天。现在，他已经彻底戒烟了。

通过这个例子，我想说的是，成瘾很少是生理上的问题，它通常是心理上的拐杖——是脑袋里的吸血鬼和幽灵一起在捣乱——我们以为它能帮助我们渡过难关。比如，朋友聚会时何不喝上几杯来放松一下？睡眼惺忪的早晨何不来一杯功能饮料帮我们打起精神？事情太多，日子过于繁忙时何不抽上一支烟来喘息片刻？但是，避免成瘾的唯一方法是从一开始就不要接触这些恶习。

当然，有时这不太现实。而且，多数情况下偶尔喝杯酒（得到合法的饮酒年龄！）或者喝杯咖啡不仅没什么问题，甚至会让人身心愉悦。然而一旦它们成为你日常生活中的必需品时，事情就不妙了。更糟糕的是，你从中获得的享受会越来越少。对于史蒂芬来说，早晨一杯热气腾腾的黑咖啡配上一支烟是极大的享受；但如果每天都要花上 5 美元，每隔一小时就要中断手头的工作，跑到外面去淋雨，只是为了吸一口苦涩的焦油味，那可能就不是享受了。

多运动

现代人越来越依赖高科技，所以多数人都有久坐的习惯。久坐不过是个好听的说法，直白点说，就是大部分时间我们都是靠屁股支撑着身体。上班时，我们得整天坐在电脑前，回到家后就坐在电视前，或者坐着玩手机、玩游戏。据估计，美国肥胖人口占了总人口的 20%—30% 之多。

我认为出现这个问题最大的原因是缺乏锻炼。要知道，躺着也能上瘾。人类的身体天生就应该运动，可很多人已经忘记了他们的身体能做些什么。

我的朋友莎拉原本是位作曲家，因为缺钱，她去了一家大型连锁咖啡店当服务员。第一天她工作了 4 个小时，一刻也没坐下，最后她几乎快站不住了。那天晚上她回到家就去浴缸里泡澡，疲惫不堪的她两只脚都肿起来了，背部肌肉也是绷得紧紧的。她简直不知道第二天该怎么熬过去。

但她还是去了。

三天下来，她就能连续站上几个小时，而且中间几乎不休息。她很惊讶，没想到自己的身体竟能这样快速地适应变化。

几乎所有事情都是如此。比如背包去山区旅行，最开始的几个小时你觉得自己就快要累死了。但要不了几天，你就能背着几十斤的东西走上十几英里。

我听到过这么一个故事，有个四十来岁的人对自己的生活很不满意，他厌恶自己的工作，跟妻子和十几岁的女儿经常争吵，身体超重，而且总是觉得疲劳，他对生活非常失望。

于是他决定自杀。

但问题是，如果他用手枪结束自己的生命或者跳河，他的家人就拿不到保险费，而且会失去房子和积蓄，女儿也没钱上学。

于是他打算诱发心脏病。连着两个月，他吃的都是他能想到的最不健康的食物。他工作时大吃特吃甜甜圈和纸杯蛋糕，晚餐吃很多牛排和黄油面包，午餐买的是巨无霸汉堡，他强迫自己把大量食物吃得一口不剩。他甚至用汽水和酒来代替饮用水。唯一没进他那张“血盆大口”的就是蔬菜。他还想学抽烟，但没过几天就放弃了。

他卖命似的跑步，一英里接着一英里地跑，差不多跑完一场马拉松了。他下定决心要跑到心脏撑不住为止。

可是他并没有倒下。最后他筋疲力尽，实在没法再跑下去了，虽然他的心脏强烈地跳动，仿佛要从胸腔里跳出来似的，但它并没有停止工作。

然后，奇怪的事情发生了。他感觉棒极了。他想，也许这是人死之前的快感。可事实并非如此，他只好决定第二天再来试试。

第二天，尽管他身上的每一块肌肉都在痛苦地嘶吼，他还是再一次跑了起来。这一次，他跑了大概 11 英里腿就不听使唤了，可是心脏还是在正常跳动。奇怪的是，他这次的感觉还是很好。

他连着试了一个星期，却始终没死成。他跑得越来越快，越来越远，可他的心脏就是没问题。他感觉比以前好多了，于是继续跑了下去。他的体重开始下降，他也开始吃健康的食物，因为那样他感觉更舒服。他又恢复了往日的精力，心情也变好了。他对家人更有耐心了，并开始思考也许他应该换个职业——一份他更喜欢的工作。

我们的身体和心理之间一直存在联系，而且这个联系就在我们的大脑中，虽然有时我们会假装它不存在。如果心理不健康，身体就很难保持健康。同样，如果我们过多地关注自己的身体，头脑和心灵就很难充分发挥它们的潜力。

不是所有人都要成为运动员，重要的是找到我们喜欢的体育运动，无论是团队运动还是个人运动。机会有很多，多试一试就找到了。如果垒球或篮球不是你的菜，可以尝试飞盘、高尔夫、滑板、自行车或徒步穿越自然保护区。

关键在于，如果不掌控自己的身体，你就无法掌控你的世界。

第 24 章

如何成为一名会沟通的“英雄”

还记得我十几岁那会儿，长途电话费特别贵，而手机才刚刚出现，只有极少数的电脑怪才在想方设法地把电子邮件变为现实。最简单的通信方式仍然是用马车，把贴好邮票的信送到目的地。哈哈，开个玩笑而已，但那时写信确实是最便捷的通信方式。哦，不对，还有传真！而现在，我们几乎无时无刻不在与人联系。我们可以与世界各地的人建立联系，当我坐在凤凰城的酒店大堂里写这些文字时，我可以跟差不多所有的朋友通过视频聊天。对我们来说，这不过是每天生活的一部分，但如果你仔细想一下，会发现这其实很神奇。

互联网的发明有好处也有坏处，帮助我们便捷地沟通联系是它的优点。

但是，我仍然认为我们有必要了解一下其他的沟通方式，无论网络带来了怎样的便捷，人类仍然需要面对面的交流，所以我们就从面对面交流开始讲起吧。

就算你近在咫尺，我也要用手机跟你聊天，因为那样我感觉更好

我才不关心你是不是全世界最会写电子邮件的人，因为你可能很会写电子邮件，但却极不擅长面对面交流。

面对面交流时，最重要的不是我们说话的内容，而是我们说话的方式，我们的语气、语调和肢体语言会传达出我们的真实想法。

试着比较下面两个场景并思考：

◎ **场景** A:“你好！”首发后卫在大厅里跟新生萨米·杰克逊打招呼。他伸出一只手，开心地笑着说：“欢迎来到林肯高中！”

◎ **场景** B:“你好！”首发后卫在大厅里跟新生萨米·杰克逊打招呼，说完他朝萨米的肚子上打了一拳，萨米被打倒在光亮的地板上，转着圈，他跟队友们大笑着走开了。他转过头冲萨米喊道：“欢迎来到林肯高中！”

就这样，同样的话语却能传递出不同的意思。

如果你说话时含含糊糊、没精打采的，眼睛还一直瞟向地面，往好里想，别人会觉得此时此刻你很不自在；往坏里想，别人还以为你干了什么坏事。虽然我们确实不应该以貌取人，但糟糕的第一印象可能会带来极其不利的影响，尤其是在我们想结交盟友的时候。

如果你与对方是第一次碰面，请按照下面这四个提示来做：

身体要站直。良好的仪态会让对方知道你自信而且内心强大，他们会很欣赏这一点。

握手要坚定有力。倒也不必攥住对方的手拼命挤压，稍稍用力即可。如果握手很无力的话，对方会觉得你并不是真心诚意地想跟他交谈。说出来你一定会惊讶，这个道理看似简单，但其实很多人都不理解。如果你是个女孩

子，这一点也许没那么必要，但仍然不失为一个好做法。

保持目光接触。看着对方的眼睛说话，保持目光接触。就像握手一样，你要控制好度，如果你总是瞪大眼睛盯着对方，眼睛眨都不眨，对方一定会觉得毛骨悚然。

说话时要吐字清晰，要有自信。别担心，没人能完全掌握英语这门语言。可如果你说话嘟嘟囔囔的，声音比窃窃私语高不了多少分贝，而且还含糊不清，那么对方怎么能听清楚你在说什么？你完全没必要用“高大上”的词汇以显得自己很聪明。人与人交流的目的是简单的沟通，不是让你来显摆你的词汇量有多大。

聪明小提示：重要的不是说什么，而是怎么说。

你说了什么？

虽然说“重要的不是说什么，而是怎么说”，但说话的内容也不是完全不重要。假如你跟别人说“我真巴不得你去死”或者“你太肥了”这样的话，或者开粗俗的玩笑、威胁别人、打击别人等，那我要说，在这种时候，更重要的是你说了什么。

舌头是我们身体中最难控制的一个部位，而且，要命的是，说出去的话是收不回来的，一旦你逞了口舌之快，那些话就永远在那里了，永远地刻在别人的记忆中。那些话也许会给别人留下心理阴影，也可能给你留下阴影。无论如何，伤人的话最好不要说。你可不想当创造出幽灵的罪人吧。

如果你不太明白哪些话该说，哪些话不该说，那不妨尝试一下我称之为“词汇数学”的小练习。放心，这个练习可不像 SAT 的题目那样烧脑，SAT 里的题目都是这样的：假如一列火车下午 1 点从芝加哥出发，以

70英里/小时的速度向波士顿行驶，另一列火车下午3点从波士顿出发，以56英里/小时的速度向芝加哥行驶，那么两列火车何时会相遇，在哪里相遇。我一看到这些问题就两眼发晕，别紧张，“词汇数学”很简单。大体而言，就是你说的每一句话要么会给别人加分，要么会给别人减分。减分就是指你说的话会打击到别人，伤害到他们的感情，或者让他们觉得自己很愚蠢——这多半不是什么好话。这种话你根本就不应该说，如果已经说了，那就赶紧给对方道歉。加分指你说的话让他们感觉更好，给他们以鼓励，或者让他们笑得很开心，这样的话说了就不会有问题。

另外一个提示：你得了解你的听众，这非常关键。还记得我在前面跟你强调过的那些重要的倾听技巧吗？现在就把它们派上用场吧。如果你想和别人打成一片，就要用他们的语言，不要冒犯他人。你应该用他们可以理解的词语和示例。你的爷爷可能压根儿不知道“互联网”是什么，说不定他正学着摆弄新买回来的中看不中用的录像机呢，你跟他说你上网“谷歌”一下，他肯定不知所云。

打电话也要注意礼节

无论是别人给你打电话还是你给别人打电话，打电话要注意的就那么几项。

首先是尊重你周围人的感受。除非你在电话里讨论的是什么重大机密，否则没人愿意听你打电话。设想一下，你正在电影院或者超市等公共场所排队，此时你抱着电话喋喋不休地跟对方大谈特谈昨晚湖人队的比赛，你旁边的人，只能万般无奈地听着，因为他们想走也走不掉。这时你应该换个地方打电话，找一个没人的地方，不然会非常招人厌。

在做其他事情时也是同样的道理。如果你在操作重型机械，尤其是在注意力需要高度集中的时候，比如开车时，最好不要打电话。你以为自己能同时做好几件事，但事实可能并非如此。这没什么丢人的，大家都做不到，科学研究已经证实了这一点。

当然，有时你不得不接电话。如果确实遇到这种情况，你不妨长话短说，或者干脆让车内同行的人接电话。

至于其他方面，你就按照面对面说话时的注意事项来操作就行：说话要清晰，声音不能太小。

放声大笑吧！

尽管电子通信很好，信息即时传输和无须肢体语言是这种沟通方式独有的特点，但这两个特点也会让沟通出现问题。

◎**问题 1**　语气和含义可能丢失。虽然人们学着通过打字来实现有效沟通，这个问题也确实有所改善，但真正的沟通不仅需要一双灵巧的手，不仅需要内容，还需要语气。比方说，如果你发送的信息用的都是大写字母，而且打了很多感叹号，那么对方会觉得你说话时在大喊大叫，试问谁会喜欢这样的人呢？

◎**问题 2**　我们没有时间去仔细考虑自己该说什么。你知道吗，如果你感觉自己要大发雷霆时，应该先深呼吸，从一数到十，让自己冷静下来。有了即时聊天软件，我们几秒内就能回复对方的信息，往往还来不及考虑对方的感受，信息已经带着强烈的情绪发出去了，无论是好情绪还是坏情绪。

◎**问题 3**　嘲讽和挖苦很难通过文字表达出来。无论是电子邮件，还是短消息，都很难将我们的情绪传达到位。前一分钟你还在心平气和地跟人讨论你晚上打算做些什么，下一分钟就收到朋友冲你大发雷霆的信息，这会给我们的情绪带来很大的冲击。

如果别人怠慢了我们（那也许是真的，也许只是我们自己单方面的推测），我们常常会忍不住发信息说一些自以为聪明的难听话。但实际上，我们应该先等上一两天再联系对方。比如当我火冒三丈，想发邮件大骂某人的时候，我都会等到第二天早上情绪不那么激动时，以更好的、更文明的方式来说明我的立场。这样自己也能少生气。

◎**问题 4**　区别对待。朋友之间说话会比较随意，这倒也没什么问题；但你得记住，并不是每个人都很了解我们，即使是同一封邮件，每个人解读的方式、领会到的意思并不相同。你的老板也许就完全领会不到你颇具嘲讽意味的幽默感；你的朋友看到骑自行车的人一头栽进路边一米多深的水沟里的视频也许并不觉得好笑。通过电子产品与其他人交流时，关键是要考虑到你在跟谁交流，不能太随意、莽撞，要注意措辞。

道歉的必要性

既然说到了沟通，那我就再讲讲应该如何跟人道歉。

沟通过程中出现的故障就好比一枚需要拆除的炸弹，化解问题最快的方法就是道歉。

也许不全是你的错，但每一次冲突，每一次沟通不畅，绝对不是单方面的问题，而是双方的错误。我敢保证，没有哪种方法会比主动承认错误能更快地拆除这枚炸弹。

花点时间想一想，自己哪里做错了，然后为自己做得不妥的地方道歉。无论你犯的错是大是小，道歉都能立刻缓解双方的紧张情绪，降低心理上的防御。

道歉要真诚，要发自内心。

“很抱歉，我没想到我对你的言论发表了看法后，你会是那样的反应。”这不是道歉。你不能为别人的行为道歉，你只能为你自己的行为道歉。

如果你不觉得抱歉，就没必要道歉，但有 99.83% 的可能性是你确实有做得不妥的地方。你的任务就是发现它、承认它并及时修补它。

也许你并不会立刻就看到结果，但我敢保证，从长远看，你会变得更好。承认我们的弱点并做出让步，这确实有悖人的本性。但这也许正是道歉为何如此有效的原因。

你真是个很棒的倾听者！

我要再次强调，倾听对于沟通来说至关重要。

可是，你也许会哭着跟我说：“我真的不擅长这个！”

是的，倾听并不是那么容易，所以我们不妨来看看心理医生的专业建议：镜像。镜像其实就是重复对方所说的话。在伴侣治疗中，患者应该重复另一方，也就是伴侣所说的话，就跟模仿差不多。但如果你在现实生活中照搬这个做法，别人一定会把你当成外星人。所以你可以“降低点难度”，只要重复对方主要的观点即可。

用这个办法来对付机器人，效果特别好，下面就以你和机器人班主任的对话为例。

机器人班主任：你的成绩还不够理想，要是你还是这个样子，第一志愿的大学是不会录取你的。

你：所以，您是说我考不上我理想的大学吗？

机器人班主任：我不是那个意思！很抱歉，我好像没表达清楚。我的意思是，你把 GPA 再提高几分，就一定有把握考上。

你：您这么说我很高兴。怎么才能把成绩提高呢？我们聊聊吧……

从表面上来看，班主任好像是不相信你，认为你达不到理想大学的要求。但如果你往后退一步，从班主任的角度来看问题，或者请她表达得更清楚一些，你就会发现她其实只是在鼓励你努力学习、提高成绩，实际上是在为你着想。

当然，如果你跟我一样，注意缺陷障碍时不时发作一下，你可能还没听上几句话，就忘了对方刚刚说了什么。

我知道你也许觉得这个办法很扯，但它确实有用。你要做一个积极的倾听者，这样你就不会在别人张口说话时就忙着建立心理防御，它能迫使你从对方的立场思考问题，能看到对方并不是要攻击你。

优秀的沟通者都明白倾听的重要性。想想看：如果一个人都没听清楚、没理解对方的问题，怎么能给出好的建议呢？

第 25 章

如何更好地发挥自己的才能

在进入正题之前，我得先给你提个醒：

不要自以为是

也许你确实身怀“绝技”，比如能像兔子那样跳起来转三圈，能自己做衣服，或者讲个笑话能把奶奶逗得哈哈大笑。我承认，你确实很厉害。

但问题是：无论你有多厉害，你总会发现有人比你更厉害。我们都知道，没有人是十全十美的，所以你肯定有不擅长的方面。比如说我，虽然能跑马拉松，但总是分不清左右，闹出笑话来挺尴尬的。

其实只要你留心，总能找到比你完成任务更快，打游戏更厉害，某项技能更出色，在某个领域比你更厉害的人。同理，你也总能找到比你更有魅力、更有才华的人。你听了肯定会觉得沮丧，对不起，可这是事实。

你得明白——

比较没有任何意义

你不一定比别人好，别人也不一定比你强。

你是你，别人是别人，就这么简单。比较并不能帮助你建立自己的身份。一旦发现自己在跟别人比较，就赶紧放下这个念头，立刻停止，换个思路——你也许不知道，自己正在以一种不易察觉的方式给自己贴标签。做真正的自己，不要总想着你是比别人好，还是比别人差。你只需要尽力做最好的自己。

记住这一点，你就能拔出吸血鬼的獠牙，就能拆除机器人的机械装置，就能挽救僵尸的生命，就能遏制住自己想成为吸血鬼的冲动。而且，在充满自信地展示才能的同时，你也能做到谦逊克制。

前文我已经讲过——

梦想就是通过做自己喜欢的事来谋生

但是，要想靠做自己喜欢的事谋生，必须有大量的实践，必须付出辛勤的努力，再加上满满的好运。

咱们打开天窗说亮话：不是每个人都不用为生存而烦恼，都有大把的时间来追随自己的灵感缪斯。账单等着你付，作业等着你交，锅碗瓢盆等着你洗——绝大多数人不会平白无故地得到自己梦寐以求的工作，也不会凭空得到一笔钱，不用再做自己不喜欢的工作。

人生不仅仅是追寻梦想。即使你达到了梦想的顶峰，即使你已经完全主宰了自己的事业，即使你做的是梦寐以求的工作且薪水丰厚，你仍然要有兴趣爱好。

我的朋友桑尼是个电影导演，而且是个相当成功的电影导演。他做的就是自己梦寐以求的工作，但他不能一直工作，否则就会变成一个负能量爆棚的废人。所以，他在工作之余有自己的兴趣爱好：烹饪、打游戏、陪伴家人。如果不这样做，他就会疯掉。

丹尼尔·平克（Daniel H. Pink）在畅销书《全新思维：为什么右脑思考者将统治未来》（*A Whole New Mind: Why Right-Brainers Will Rule the Future*）中写道，近一个世纪以来，世界是被左脑人（工程师、律师、软件工程师等）所左右，而现在世界正朝着右脑人主导的时代迈进。总的来说，具有创造性思维的人将在未来世界中获得前所未有的突出地位。

你会喜欢这本书的：平克花了整整一章的篇幅来阐述玩乐的重要性。

聪明小提示：玩乐的反面不是工作，而是抑郁。玩乐能让你无拘无束、放飞自我，能让你乐不可支、全情投入，好像没有任何烦恼。

对丹尼尔·平克来说，玩乐不仅仅是辛劳中的短暂解脱。它还是决定一个人能否成功的关键因素。玩乐不仅能让我们的身心得到休息，还能提高工作效率，帮助我们创造性地思考，并让我们关注到工作之外更广阔的世界。

有一部电视剧叫《豪斯医生》（*House M.D.*），在剧里豪斯医生是个态度蛮横、表情凶恶的家伙，但他特别擅长看别的医生看不了的疑难杂症。每一集里，豪斯医生和他的团队都会遇到一个医学难题，他们尝试不同的治疗方法，不断排除失败的方法，最终找到解决方案。每一集播到 45 分钟左右的时候，他们通常会陷入困境，因为所有方法都不奏效。

下面是豪斯医生与威尔逊的对话场景，威尔逊也是位医生，但是他不属于豪斯医生的团队，他是脾气古怪的豪斯医生唯一的挚友。他们俩几乎从来不会讨论具体的病例，他们的对话大概是这样的：

威尔逊说豪斯医生在建立有意义的关系方面缺乏能力。豪斯医生毫不客气地反唇相讥。

威尔逊:“豪斯，你的问题是没有意识到自己内心其实很善良，但是这个善良没有被释放出来，就像绿毛怪格林奇[①]一样。”

镜头拉近，对准豪斯医生的脸，他瞪大了眼睛。

豪斯医生自言自语地嘟囔道:“我的内心，绿毛怪格林奇……”

场景切换，手术室里，豪斯医生的团队正准备给一位得了怪病的患者动手术，如果不做手术的话，病人只能等死。这时豪斯医生突然冲进手术室，但他并没有按照往常的手术流程操作。

豪斯医生大喊着:“停下来！！停止手术！我们的思路一直不对。问题出在患者的内脏，他有格林奇炎（grinchitis），一种罕见的心脏疾病，患者的心脏通常会扩大两倍。”

最后豪斯医生用很简单的疗法治好了这个病。

当然，豪斯医生是个虚构的人物，但每一集结尾豪斯医生醍醐灌顶般的顿悟都说明了玩乐的重要性。每当他跟威尔逊一起出去玩乐之后，往往能想出更好的解决方案来应对工作中的难题。

当然，在现实生活中我们也许没那么好的运气，但道理是一样的。如果我们愿意花时间去培养自己的爱好，去陪伴自己所爱的人，那各方面都能做得更好。

---

① 格林奇是电影《圣诞怪杰》中的人物，格林奇策划偷走整个圣诞节，后来被村民的真情所感化。

劳逸结合，张弛有度

福来鸡（Chick–fil–A）是佐治亚州一家非常成功的快餐连锁店，他们声称鸡肉三明治是他们发明的。

有人问该公司的创始人特鲁特·凯西（S. Truett Cathy），他做过的最好的商业决定是什么，他给出了一个让人意想不到的回答：所有门店周日不营业。

哪怕再笨的人也会觉得这么做不合算：这怎么能是最好的商业决策？这样公司的盈利不是白白减少了七分之一吗？

特鲁特·凯西之所以做出这样的决定，是因为他每周日早上一定要去教堂，这一天剩下的时间他要么陪伴家人，要么在家里修修补补，读读书，看看足球比赛。

无论你是否信仰宗教，从驱动你前进的目标那里往后退一步，这能神奇地让你恢复活力——你应该给自己一个充电、放松、呼吸的机会，给自己一个和生命中真正重要的人共度时光的机会。

如果你实在找不到借口，那不如这么想：上帝要你休息一天。

兴趣爱好的重要性

如果你还没攀登上梦想的顶峰，如果你还在为掌控自己的生活而努力（只有先做你必须做的事，才能做你想做的事），你也许会争辩说，花时间锻炼自己的才能比培养兴趣爱好更重要。

我的作家朋友杰森有段时间攒钱准备结婚。写作挣的钱不足以支付生活上的开支，所以他又在一家生鲜超市找了一份全职工作。本来他就对这份工作没兴趣，每天还得站上八个小时，这让他十分疲惫，但杰森知道他必须为自己的梦想而努力，所以他下班后坚持写作，每天至少写一个小时。这一个多小时让他能坚持自己的兴趣爱好。

虽然他很喜欢一起工作的同事，也喜欢光顾超市的顾客们，但他并不希望自己后半辈子都绕着大白菜打转。写作是杰森的爱好，他大概坚持了一年，直到通过写作能赚到足够的收入，他才辞掉收银员的工作。

我在前面说过，有些事是必须做的，那你只能去做。重要的是明确自己的目标，并朝着它努力，即使它看起来离现实很遥远。

而且，即使你的梦想并不是你的爱好，只要坚持自己的爱好，你总能看到回报。

PART 4

如何掌控今天、明天和将来

HOW TO DOMINATE TODAY, TOMORROW & FOREVER

第 *26* 章

永不停止的战斗

撒花！鼓掌！现在你已经掌控了自己的世界！

呃，也许没有，但不管怎样，你至少掌控了几个最重要的方面。

最起码，你把握住了现在。

我并不是来给你添堵的，但掌控自己的世界确实不是一件一劳永逸的事，那些坏蛋还会回来的。

那只小奶狗仍然坐在宠物店的橱窗里，下周可能又会来一只新的小奶狗。忍者和吸血鬼会一直试图把控你的时间和金钱，海盗将永远不会停止对你的利用。他们可都是坏蛋哪！你以为呢？难道他们会乖乖向你投降？

马尔科姆·格拉德威尔（Malcolm Gladwell）在他的畅销书《异类》（*Outliers*）中，阐述了成功究竟需要哪些条件。他研究了那些真正主宰了自己世界的人。他研究了比尔·盖茨、迈克尔·乔丹、披头士乐队和加拿大的职业冰球运动员。

他发现，一个人要想成功必须具备三个因素：

1. 机会，也就是天时地利。

2. 能发现机会并紧紧将它抓住。

3. 最大程度的努力。

你发现没有？在这三个因素中，只有一个因素完全是由你来控制的，那就是努力。对于另外两个你无法控制的因素，唯一的办法就是：保持乐观的态度和坚持不懈的精神。你无法强迫某家公司雇用你，也不能强迫唱片公司跟你签约，但你可以继续努力。

坚持和努力是一对好兄弟。一件事开头也许不难，最难的、最要命的是你得一直做下去。

当我们下定决心去做一件事时，无论是什么事，总会遇到一些莫名的阻力，让我们停下来。这种阻力并没有什么固定的叫法，但不可否认的是，它确实存在。阻力越大，说明你做的事就越有必要，你就越应该坚持到底。

这也是为什么世界上这样的人比比皆是——他们掌控不了自己的生活。他们也有梦想，但不是所有的人都有坚持到底、冲过终点的勇气，这需要难以想象的勇气。当你决定去实现梦想时，你不知道会发生什么，不知道未来有什么在等着你。但可以确定的是，一个人克服的困难越多，就越有可能成为伟大的英雄。

成功并不是你想的那样

实现目标并不意味着你马上就能变得富裕、有名气。你也许要与多数人想都没想过的困难和逆境抗争，可能最终你的努力仍然会化为泡影。

但是，没有实现目标并不意味着你失败了。只要你能坚持到最后，有始有终，下次做起来就会更容易，因为你已经积累了一定的经验。有时，大多数人没做到的事情你做到了，也是成功。

这就像练习飞行，当实验飞行器出了故障，你坠落到地面时，应该掸去身上的尘土，抬头望向天空，大声说：“没关系！至少我现在知道那样是行不通的。”

你会再次飞向天空。

聪明小提示：实践出真知。

第27章

终章复习

我希望这本书已经很好地给你解释了青少年的现实生活是什么样。但我怕你已经忘得差不多了，所以现在我们一起来复习一下。如果你是一边看书一边打瞌睡，或者一边装模作样地拿着书一边手里还捧着游戏机手柄的话，那还不赶紧给我醒醒！认真听。

这是很重要的内容。

掌控你的世界

你现在应该非常明白，掌控自己的世界意味着什么。在这本书的开头，我们认识了所有试图操控别人的世界卡通人物、行恶之人和历史上的那些白痴皇帝们之后，得出了一个结论，试图操控别人真是个愚蠢的想法，而且根本就行不通。

我们还发现，每个人都应该掌控自己的世界，这值得我们去努力，我们可以战胜坏蛋，锻炼自己在各种情况下的生存能力，并成为自己故事里的英雄。换句话说，你的世界只能由一个人掌控，那就是你。

遵循英雄信条

我们已经讨论了英雄信条的两个基本准则：第一个是其他人无权掌控你的世界，第二个是你无权掌控别人的世界。如果你能遵守这两条，你的余生将大为不同。这很容易吗？一点都不。这值得吗？当然。我不想承诺得太多，但如果你能真正遵照英雄信条，那么你的人生和你看待世界的方式肯定会大有改观。

如何对付坏蛋

我希望从现在开始你能看清楚生活中那些坏蛋的真实面目。实话实说吧，这其实很难，因为坏蛋往往非常狡猾。

坏蛋的真实面目可能是你的父母、你最好的朋友，甚至是一则看似平淡无奇的电视广告。坏蛋无处不在，大多数人甚至都没意识到自己被攻击了。但你现在知道怎么分辨了。你的任务是成为一个英雄，战胜坏蛋。更重要的是，当别人遇到坏蛋时，你也要帮助他们去打败坏蛋，重新掌控自己的世界。

如何掌控每一天

生活其实十分复杂。你得处理人际关系，得学习、工作，培养爱好，学习技能，总之，得平衡好方方面面，还想样样都做到最好。我个人认为，今天的青少年比父母青少年时要更辛苦。你们有那么多事情要做，所以也要面对更多的成功或失败。但请记住，无论处于什么样的状态，你都可以把英雄信条的那两条规则铭记在心。你愿意把你必须承担的责任看成是让你不堪重负，甚至永远完成不了的任务清单；还是愿意把它们分解成一个一个每天要做出的决定，让这些决定日积月累产生影响，都由你决定。记住，掌控自己世界最好的办法就是每一天只做出一点改变，每一次只接受一个挑战，别妄想一口吃成个胖子。

一切都在改变，以不变应万变

这既是好消息，也是坏消息。生活中很多东西一直在变，环境总是在变，包括你的朋友、工作、住处、生活环境、室友等。你可能会被解雇，当然也有可能找到一份新的工作；你会失望，也会让别人失望。每一天，生活都是不同的，每天早晨，你从床上爬起来时，将要面临的是各种各样的挑战。

但好消息是你可以以不变应万变！虽然你总会面对不同的挑战，会在不同场合与一个又一个坏蛋拼得你死我活，但有些事情不会改变。

诸如英雄信条的基本准则从不会改变。无论是在何种情况下，你永远是那个唯一对自己生活中发生的一切负责的人。此外，虽然坏蛋使用的策略看起来在变，但本质却没变。他们会利用你的贪婪、骄傲、嫉妒心理和不安全感。一旦你学会了如何识别坏蛋，就能越来越轻松地摆脱他们，并能妥善处理他们。坏蛋并不会停止向你发起攻击，事实上，如果你是一个真正的英雄，他们会想尽一切办法把你打倒在地。但你无惧无畏，因为你是有备而来。

你必须做出选择！

当你合上这本书时，你会做出一个选择，对吗？

也许你会上床睡觉，也许你会打开电视。也许你会坐下来，想一想我“轰炸”给你的这些内容。也许你会认真思考你是谁，思考你的那些朋友。也许你会开始琢磨从事某种职业的可能性，也许你会为即将到来的考试复习。你甚至会反思自己的人生，并意识到其实某些人就是坏蛋。

也许你会给某个朋友写一封感谢信或者发个信息，时间证明了，他是你最珍贵的盟友。

只有你能做出这个决定。

你明白了吗？我再说一遍。只有你能做出这个决定。尽管我很想跳到你面前，把你往好的方向推一把，但我不能。从现在开始，决定权在你的手中。要记住，你所做的下一个决定，以及之后的每一个决定，都将会影响你前进的方向——是朝着正确的还是错误的方向。

回头检查

花上几分钟回头看一下第 15 章有关个人身份的内容。如果你懒得再回头浏览那几页，现在就请拿出一张纸，准备好回答下面几个问题：

1. 什么使你与众不同？

2. 你喜欢什么，讨厌什么？

3. 你的优点是什么，缺点是什么？

4. 你支持什么，反对什么？

现在请写下你的身份声明——你所知道的能够概括你自己的东西，不用太具体，但它能够对你每天所要做的决定提供指导。

接下来，请写下五个你最好的朋友的名字。这些问题是挺棘手，但我知道，你有勇气去面对这些问题。你的朋友是好人吗？他们是自己生活中的英雄，还是操控别人生活的坏蛋？他是不是操控了你的生活？如果你跟这五个人做一辈子好朋友，他们会让你的生活变得更好还是更糟？

我知道面对真相很难，但也许你需要重新考虑，你愿意跟谁待在一起。我知道这也许会刺痛你，就像撕掉伤口上的创可贴一样，但如果你不这么做，僵尸或海盗就会威逼利诱你去关注他们，以此来实现对你的控制。

总体规划

检查好身份之后，下面就应该制订目标清单了。

你的清单里不能只说你想挣多少钱，要买多少辆车。你的目标应该是去创造一个伟大的故事，一个值得传颂的故事。

挣一千万并不是伟大的故事，挣一千万并愿意从中拿出一部分，让一百万非洲人能喝上整整一年的清洁饮用水，这才是一个伟大的故事。

你不仅要乐于助人，还要让你的目标与你想完成的事情相一致。要从小就有梦想，要敢于追寻梦想。

那么，成为英雄，掌控自己的世界究竟意味着什么呢？整天捧着手机看视频算是英雄吗？不是。英雄是清醒的！英雄对一切都充满热情！英雄为了实现自己伟大的目标，就算跑到天涯海角也不会放弃！

你的目标是什么？你能发现什么，发明什么，改变什么吗？你能帮助别人，鼓励别人，救人于危难吗？

五年过后，你可能会发现自己的目标已经不是原来的样子了。也许你发现当医生并不适合你，如今你想成为一名作家。也许你觉得自己的使命已经跟原先截然不同。没关系，那你就确定一些新的目标，这也是那个伟大故事的一部分。英雄并不总是能完成他所设定的目标，因为在努力的过程中，他会接触新的东西，学到新的内容，这会让他找到新的使命。重要的是，虽然目标改变了，但他一直在努力成为自己想成为的人，永不放弃。

好了，计划制订好了，但是你不可能直接穿越到一年、五年或者三十年后。假如你计划自驾游美国，那你待在家里做白日梦能行吗？做梦就能让你到达缅因州、俄勒冈州的海滩吗？白日梦一点用都没有，对你没有任何帮助。

首先，你必须确保你的车能完成这趟长途旅行，或者说你至少得先有辆车吧，当然驾照也是必需的。然后呢，坐到驾驶座上，发动车子，去加油站加满油，你还得准备好地图和路上吃的食物。

然后你就可以出发了。一英里一英里地往前开，你现在只能这么做。

在开往目的地的路上，你会看到很多美丽的风景。虽然你会停下来欣赏那些美丽的风景，但你仍然会朝着正确的方向前进。总有一天，你会到达目的地。你会回想在旅途中看到的风景、遇到的人、结识的朋友，还有在内布拉斯加州那次，当时雨下得很大，不巧的是，车胎还爆了，你以为自己永远也实现不了目标了。

“我确实做到了。”你心里想，“一路经历了那么多，我终于到达终点了，这感觉真棒。”

然后，你会计划下一次冒险旅行，然后再次出发。

这是属于你的世界，年轻的勇士，你有能力去统筹规划自己的人生；但不要忘记，这种能力对于某些人来说是一种奢侈。也许你的计划应该把他们包括进去，你可以帮助他们做掌控自己人生的英雄。在我看来，除了家人、朋友、同学、同胞，你还可以帮助素不相识的人、其他国家的人——这样的故事才值得讲述。

这个世界其实很小

如果你现在正在读这本书，那我可以很有把握地得出两个论断：

1. 你能阅读。如果你不识字，却能以某种方式“读懂”这些信息，那应该让相关部门好好研究一下，你是什么奇特生物。

2. 你生活的地方有书，这说明你居住在世界上较为发达的国家。

如果我的论断是对的，那你就是这个星球上最幸运的人之一。你拥有的权力、影响力，拥有的财富，已经比地球上很多人要多了。

蜘蛛侠死去的亲人本叔叔对他说过一句话：“能力越大，责任越大。”作为一个拥有超能力的人（如果放眼全球的话，会认字读书，能生活在一个经济较为发达的国家，这也算是一种超能力），你可以选择成为一个超级大坏蛋，自私地使用你的超能力；也可以选择成为一个超级英雄，用它来帮助和保护别人。

记住，英雄不仅保护和捍卫自己，也保护和捍卫比自己弱小的人。英雄的内心有一种责任感和正义感强烈地驱动着他们，他们不会只陶醉于自己的英雄的光环中，在别人需要帮助时他们不会袖手旁观。

他们是世界上最好的盟友，即使是在帮助那些素未谋面，将来也永远不会再谋面的人的时候。

所以，这里还有个问题需要你去审视。你是否想过，这个世界并不公平？你和我都很幸运，因为我们出生在一个好的时代和好的国度，我们能改变一些东西。现在人们常有一种心态，甚至很多青少年也是如此，他们总说:“我想这样，我想那样，我想……”却从未想过，如果我们愿意多付出，多奉献，多给予，人生又会怎样呢?

乐于助人

慷慨地帮助他人，别吝惜自己所拥有的东西有很多好处，比如说你的自我感觉会很好。但这只是要乐于助人的部分原因。

如果一个人一味地利用他人，从同伴身边走过时鼻孔朝天，一副高高在上的样子，他其实也是在伤害自己。

为什么我们要乐于助人呢？你认为会有因果报应也好，认为它是做人的黄金法则也罢，总之，跳出自我局限，把世界看成一个整体，这是真知灼见。如果我们破产了，走了霉运，我们就需要帮助。可是如果每个人都指望政府，指望慷慨的人来帮助自己，自己却从不帮助别人的话，那只会伤害到自己。本质上就是崇拜金钱，崇拜自己所拥有的物质。但实际上，如果金钱和物质不能帮助别人，那它们就没有任何价值。

如果你正在掌控自己的世界，那你就如同拥有了上天的恩赐，但这样的恩赐不应该放在你内心深处，应该拿出来与大家分享——引导别人，帮助别人去掌控他们自己的世界。

看看扎克·亨特（Zach Hunter），他是一位反奴隶制社会活动家，他发起了“捐出零钱，卸下铁链”活动，这项活动是由学生组织的，旨在提高人们对世界各地奴隶制的关注，并筹集资金解放奴隶。他还写了关于现代社会奴隶制的书。当他了解到如今世界上还有2700万人口被奴役时，他知道仅有愤怒是不够的。扎克觉得难以置信，又义愤填膺，于是他发起了一场运动。

顺便说一句，扎克的第一本书出版时，他只有12岁，现在也只有19岁！你不要坐在那里为自己辩解，他有什么而你没有。让我来告诉你，他拥有的是什么：热情。扎克在很小的时候就下定决心，他的人生不仅仅是为了自己和自己的目标，在他12岁时就决心要解放世界上被奴役的人。天哪！我12岁时还是个浑小子，跟他真是有天壤之别。我那时只知道胡闹，想试试看自己到底能落得怎样悲惨的境地，而扎克却能充分发挥自己的才能来筹集资金，解放被奴役的人。

这样的差别都是由我们每天做出或没做的决定累积而成的。

再看看贝瑟尼·汉密尔顿，她13岁那年在夏威夷海滩冲浪时被鲨鱼袭击了！因为失血太多，她差点丢掉了性命。贝瑟尼很不幸，她大可以抱怨命运对自己的不公。然而，她打败了自己心中的幽灵，再次回到了水中学习冲浪，只用一只手！她不仅学会了单手冲浪，还在2004年冲浪锦标赛上获得了第五名的好成绩，并在冲浪协会巡回赛的第一站——夏威夷站，获得了女子公开组第一名。

几年前，她在接受节目采访时说：“我收到了大量的来信，很多都是身处困境的人写来的，他们看到我没有放弃自己的梦想，选择继续冲浪，这极大地鼓舞了他们，这说明坏事也能变成好事。”

贝瑟尼可以怨恨命运的不公，也可以化悲伤为力量。她经历了非常可怕的事故，现在她用榜样的力量来帮助青少年们打败生活中的坏蛋。

这样的故事还有很多。有人选择让坏蛋掌控他们的生活，而有人则像扎克和贝瑟尼这样的英雄一样奋起反击，你愿意成为哪种人呢？

现在是决定的时候了！只要你想做的事是对的，你就选择去做，哪怕很困难。你能做到吗？你会离开那个坏蛋朋友吗？你会跟海盗决斗吗？你会自己开发程序，最终甩掉机器人给你的指令吗？你会直截了当地拒绝忍者，让他们走开吗？你会停止追随那些吸血鬼，看穿他们只是想剥夺你的身份吗？

你会这么做吗？

你就是你。你是你自己世界的英雄，你的世界也在呼唤你。记住，如果你不这样做，那就等着一长串的坏蛋来接管你的世界吧。

不要再找借口了。就像我说的，没什么“万能钥匙”让所有问题迎刃而解，你需要做出一系列的决定，选择过一种值得被铭记的生活，而现在就是重要的一刻。

一个也许能永远改变你生活的时刻。

将来回首现在这一刻，你也许会说，在我合上那本书的时候，一切都改变了。当然，你也可以把这本书放回书架，选择忘掉它。它会落满灰尘，布满蛛网，有一天你会把它拿到旧书市场卖了，因为你得凑钱还信用卡。

让这本书做你的向导吧。记得经常翻开看看，提醒自己，要想掌控自己的世界，你应该怎么做。不断给自己的身份添加信息，这样你就能永远知道自己是谁，自己与周围世界的关系。也要常常复习一下，坏蛋有哪些种类，一定要记住，怎么做才能远离他们。

英雄故事永流传

电影和故事都有一个共同的特点，那就是都有结局。英雄要么打败了坏蛋，要么抱得美人归，要么成为一个更好的人。一场电影看几个小时就能看到结尾。故事读起来时间会更长一些，但你总归会知道最后怎样了。总之，我们看的、读的或者听的每一个故事都会结束。

我们都喜欢简单的故事，虽然生活要复杂得多。为什么？因为现实生活并不具备这种终结性。一旦我们克服了一个巨大的障碍，就会有下一个障碍出现。你靠着勤奋和努力顺利从大学毕业，接下来你马上就要面临一个新的故事，你得找到你热爱的职业。一旦确定了职业，你就要寻找能与你共度一生的伴侣。找到了伴侣，你就要为人父母，你会成为孩子们人生故事的一部分，而他们的故事还会继续……

也许你刚开始听了会很泄气，但追求掌控自己世界的征程永远不会结束，直到你真的做到了。掌控自己的世界的好处在于，每一个你所做的决定都会让你越来越靠近自己的内心深处，这会让你觉得幸福。虽然我还有很多东西要学，但就像你一样，我也学到了一个道理：一个幸福的人才能坦然应对并完成所有挑战。

现在，请设想一下你处于这样的状态：你一直会遇到冲突，坏蛋们会不停地向你发动攻击，在试着去掌控自己世界的过程中，你总会遇到障碍。而你有两个选择：

1. 直面那些障碍和坏蛋。因为这能让你变得更好，能让你把这个世界变得更好，正因为有了这样的经历，你才能创造出动人的故事。你活着的时候是个英雄，死去了亦是英雄。

2. 放弃。你可以逃跑，找个地方藏起来。你可以用毒品、酒精、性和贪欲来麻痹自己，对生活中的冲突视而不见，直到你死的那一天。你的人生故事很烂。

我还知道：伟大的故事不会随着你生命的结束而结束。伟大的故事会通过你的朋友和家人，通过被你影响的人生而继续存在。这才是英雄人生的意义：它具有强大的感染力。

如果你想用希望鼓舞这个世界，就保护那些不能保护自己的人。如果你想过一种以真理为导向的生活，不被虚假和贪婪所操控，那么，你只需要做一件事：选择。

选择掌控自己的世界，你知道怎么做，行动起来吧！

图书在版编目（CIP）数据

驾驭你的青春期 /（美）乔希 · 西普著；薛玮译．--
长沙：湖南教育出版社，2024.1
ISBN 978-7-5539-9458-1

Ⅰ．①驾… Ⅱ．①乔… ②薛… Ⅲ．①青春期—健康教育—青少年读物 Ⅳ．① G479.2-49

中国国家版本馆 CIP 数据核字（2023）第 006641 号

JIAYU NIDE QINGCHUNQI

书　　名	驾驭你的青春期
作　　者	［美］乔希 · 西普（Josh Shipp）
译　　者	薛　玮
责任编辑	张件元
策划编辑	徐　昕
插画作者	乔雅琼
装帧设计	page11
出版发行	湖南教育出版社（长沙市韶山北路 443 号）
网　　址	www.jiaxiaoclass.com
微 信 号	家校共育网
客　　服	0731-85486979
经　　销	新华书店
印刷装订	河北鹏润印刷有限公司
开　　本	710 mm × 1000 mm　16 开
印　　张	14.5
字　　数	171 000
版　　次	2024 年 1 月第 1 版
印　　次	2024 年 1 月第 1 次印刷
书　　号	ISBN 978-7-5539-9458-1
定　　价	49.80 元

如有质量问题，影响阅读，请与湖南教育出版社联系调换。

驾驭你的青春期

[美] 乔希·西普 Josh Shipp 著
薛玮 译

CNS | 湖南教育出版社
·长沙·